雅趣文丛

古泽初霜

古玩收藏笔记

周仰东 著

北京大学出版社
PEKING UNIVERSITY PRESS

图书在版编目（CIP）数据

古泽初霁：古玩收藏笔记／周仰东著.—北京：北京大学出版社，2009.1
（雅趣文丛）
ISBN 978-7-301-14605-7

I.古…　II.周…　III.古玩－收藏－中国　IV.G894

中国版本图书馆 CIP 数据核字（2008）第 182229 号

书　　　　名：古泽初霁：古玩收藏笔记
著作责任者：周仰东 著
责 任 编 辑：高秀芹 苑海波
标 准 书 号：ISBN 978-7-301-14605-7/G · 2487
出 版 发 行：北京大学出版社
地　　　　址：北京市海淀区成府路 205 号　100871
网　　　　址：http://www.pup.cn 电子邮箱：pw@pup.pku.edu.cn
电　　　　话：邮购部 62752015　发行部 62750672　编辑部 62750112
　　　　　　　出版部 62754962
印　　刷　者：北京宏伟双华印刷有限公司
经　　销　者：新华书店
开　　　　本：650mm × 980mm　16 开本　15 印张　163 千字
版　　　　次：2009 年 1 月第 1 版　2009 年 1 月第 1 次印刷
定　　　　价：42.00 元

目录

代　序

吴阶平

　　仰东是我的外孙。我成婚早，仰东出生时，作为外公的我，不过45岁，一晃几十年过去，现在仰东也45岁了。从孩童时起，仰东就好古成性，别的男孩挥动玩具手枪时，仰东舞动的都是刀剑。我曾托人为他买到过一把1.5米长的竹剑。仰东个子还小，举起来如同关老爷的青龙大刀。他还画一些古代小人书，用橡皮泥捏古代人物。1972年我曾有机会到中国书店买书，除了我自己想看的书外，还给仰东买了一批画有古代人物的连环画，记得有《三国演义》一套，《红楼梦》一套，《岳飞传》半套，《东周列国》半套，都是20世纪50年代和60年代初的版本，共一百多本。仰东如获至宝，日翻夜看，逐渐从连环画看到正本小说；从简体字看到繁体字；从左读横写本看到右读竖写本；从机装本看到线装本。到小学毕业时，四大名著均已通读，另外也粗读了《封神榜》、《东周列国志》、《隋唐演义》、《说岳全传》、《荡冠志》、《儒林外史》、《官场现形记》、《老残游记》，等等。

中国文化博大精深，记得我小的时候父亲就让我坐在他办公桌的旁边，读《三国演义》等中国古典名著，我认为那对我的智力开发和获得社会经验有极大作用，所以我也尽量为仰东读书创造条件，希望他多懂得些历史，提高文化素养。

我家里几代人做医生的很多，也希望仰东当一个好医生。仰东虽然考取了北京医学院（现北京医科大学），但他显然志不在此，专业方面不过是虚与委蛇，他并不是着力于如何获取知识，而常常着眼于如何应付考试。他上课从不缺堂，坐在第一排，认真听课，尽量做好笔记，下课不看教科书，不看参考书，只是把笔记温习一遍。考前拿出笔记温熟背会，考试时无往不利。而对于口试，仰东的成绩更好，因为他会在问答中揣摸教师的意图，去迎合考官的思路，所以容易得高分。可这样又怎能打好基础，学到真本领呢？后来才知道，他好古之心复萌，常从学习上挤出时间，去泡古玩市场。一般每周要去两天，一天是利用星期日，一天是从课程较松时挤出。先是泡宣武公园、官园花鸟鱼市、天桥福长街、长椿街等古玩市场，后泡王府井文物商店。初学时也上过当，受过骗，但也偶有买到物超所值的好东西。当时他每月生活费有限，吃不了大亏，也捡不了大漏。他学古玩先从钱币入手，有了系统的历朝演变的历史知识，又去搜集碑帖、金铜器、砚石、玉器、竹木牙角、名人信札，只是对瓷器一直不入门。书画方面，他在1982年给我看了十几幅他自己画的写意国画和一些自己篆刻的青田石印章后，我给他泼了一些冷水，以后他也少学这一技了。

大学毕业后，仰东分配在北京肿瘤研究所做医师，仍寻古觅遗。直到赴美学习，在美国得克萨斯理工大学修硕士和博士时，才有所收敛。我赴美时，曾三次到过他那里，在他家中看到又贮集了一些中国古董，原来这些都是他在美国各城市的拍卖会、古董秀和一些古玩店收集的。

仰东研究收集古玩，现在已有25年了。程度如何，我是外行不得而知，但他周围一些画家、篆刻家、古玩收藏者和古玩商的朋友，对他的鉴赏水准还是赞扬的，当然这可能也是为了鼓励年轻人。

20世纪三、四十年代，我在协和医学院学习和工作，仰东竟给我找到过协和在清朝光绪末年出版的招生简章。我曾对中国太监做过医学研究，仰东也为我找到太监净身手术用的刀具。

对仰东的古玩收藏爱好我是支持的，也曾为他向著名佛学书法家赵朴初求到过一桢堂号横幅"周天一线阁"，仰东将老先生的墨宝视为收藏珍品。据后来朴老的秘书、警卫说，这是朴老生前最后一幅书法作品。

仰东对古玩的收藏、鉴赏，不过是刚起步，这些爱好既督促他学习、研究中国历史，也使他有机会向一些文博名家请教。他刚入大学时，我曾专门写信，要求他"要提高学习和玩的效率……，玩要玩出个道理来，也就是在同样项目上能比别人玩出更大的成就。"仰东虽经常"不务正业"，但也算玩出点小"名堂"，我鼓励他写这个小册子，也就是想让他通过回忆自己"玩"的过程，更深刻地理解"道理"是要认真钻研体会的。

求索与玩味的谐和

周艾若

　　人生"路漫漫其修远"，这一路的"上下求索"，才是最快乐的。求索领域无穷尽，倒也无妨任情秉志，率性而为，苦乐由之，竟也常收一以当十之效。志趣是天赋的，心情是愉悦的，过程是充实的；五花八门中都藏着真、善、美的功德，何乐而不为！

　　阅读仰东一篇篇求索而得的记录，我从他对各类大、小对象的描述中，欢喜地谛听着历史的箴言、传奇的演绎、艺术的解读、睿智的推演，加在一起，是一部多样又灿烂的文化剪辑，以及这剪辑在过去与未来之间的今天，有着如此热情洋溢的交会与接待，予我以五味难穷的感触。其中的一味，是他在快乐中寻觅到的真实，结合着他真诚以对的鉴赏把玩，再传送到我辈读者心中涌出的知晓之乐，连外行也不禁醒豁而趣味丛生。

也许，热爱文物到沉醉其中的人，在他们心目中，文物是永生不老的，历史也就依旧鲜活着。数百千年的对象，由于他们的鉴赏与带动，令读者觉得，一件件都延续着生命于当下，都有着各自的历史背景与文化归属，都蕴涵着承上启下的文明与智慧，都透露出分明的爱憎情仇，也都折射出审美的地方、民族与人类的共通性。古人的生存面貌，就由不同的文物彰显而荡漾在今人的心中。这些遗物的具象，并非人的具象，却更具人的当然是东方人的情志的丰富、生动与普遍性，更能带动后人对前生存情态的想象还原与追念。尤其感悟在心的，是前人在并非自由的时代，却因爱恋人类造福社会而探示着自由创新，成果煌煌。而一代代热爱文物的文化人，绵绵相继，将历代艺术宝藏长储于人类文化脉理之中，无疑关联着民族文化命数之所系。今人回望过去，古人走向今天：循文化现象之常规，葆炎黄精神之永续。触摸可及的文物实体，已成为比史书可信且渊博的真情实感境界。既是历史的境界，也是艺术的境界；是历史与艺术和谐统一于真相的境界。说艺术无时空，也无国界，当指审美苑中，古今中外，艺脉相通。人人一往情深，且谁也没有数典忘祖。

在收与藏的不断求索中，仰东积累并提高着鉴赏的文化功力。练到行内所言"八成眼"功夫，大抵应是"慧眼"的水平了。我祝贺他"独具慧眼"的成功。

2006 年 10 月 19 日于北京

前　言

　　小学时，读《老残游记》、《官场现形记》等古典著作时，只要看到里面对古玩及古玩交易的描写，每每倒有无来由的喜爱。虽然对上面所写的：大鼎、法帖、玉磬、鼻烟壶、翠翎管、汉玉……等没什么感性认识，但就是有股亲切感。初中时，正赶上1976年唐山大地震，把北京人从房子里震出来，纷纷用各种可以找到的材料搭建抗震棚，就是那时，在打垒取土时，挖出一枚铜钱，擦去浮土，"洪武通宝"四个大字，清晰可见。问了几个人都不知道是那一个皇帝的年号。当时还真有股拧劲，非要弄个明白。周末乘公共汽车到了历史博物馆（现改名为中国国家博物馆），在通史馆中的一个厅里，一位中年家常妇女样的工作人员，慢声细气地告诉我，这是明代太祖朱元璋的年号制钱。于是，我完成了人生第一次考古活动。

有了第一次的收获，兴趣就更大了。只要有机会就转到历史博物馆和故宫博物院，那时这两个地方的门票都只要一毛钱，带个馒头去参观一天，也花不了多少钱。那时我最喜欢到故宫的绘画馆、珍宝馆和钟表馆。记得在珍宝馆看到乾隆皇帝佩带上的大小荷包和解手刀，那把小刀是玉柄，珐琅暗花刀鞘，鞘贴赤金佛八宝，镶仿红宝料珠。我曾在这把刀前流连忘返。回忆起来当时就是白日做梦也不敢想，日后我也会得到一模一样的一把御用解手刀。在绘画馆看到宋徽宗亲制的芙蓉锦鸡图。对赵佶先生的工笔翎毛和瘦金书法的天分与功底，佩服得五体投地。但长者告诉我必须了解他的极劣政绩并引以为戒。他穷奢极欲，办花石纲，扰民生息；联金灭辽，女真坐大；丧失国土，城下输盟；最后被掳北上，死五国城。他玩花石、古玩、字画，已经到了玩物丧志，害多益少了。

高中在北京101中学住宿，因高考临近，不得不临阵磨枪，早上6点前起床，晚上要到12点以后才能睡觉。别的旁门左道没有更多的工夫搞了。

上大学后，正值改革开放初期，也是古玩行沉寂30年后开始复苏之时。而30年正好断了一代，搞古玩的人极少，古玩知识也极缺乏，但东西却很便宜。

那时，全北京市搞古玩的也就几十个人，超不过百人。我去跑的都是半公开组织的集市，早期的宣武公园市场、龙潭湖鸟市、官园花鸟鱼市、西单文物收购部、王府井珠宝钻翠收购部、东单委托商店、前门大栅栏珠宝收购部等。到中期有：福长街六条古玩旧货市场、长椿街古玩自由市场、玉渊潭违章古玩市场、礼士路邮票公司小市场、礼士路小花园自发市场，琉璃厂庆云阁门前集会、鼓楼大街文物市场、国营华夏商店等。后期有：白桥文物旧货市场、红桥旧货市场、朝外大棚古玩市场、后海土山文物早市及市场、华威桥文物早市、劲松早市。到了90年代就有了成规模的琉璃厂海王村旧货市场，荣兴艺廊市场、琉璃厂东西两街个体古玩店、朝外大棚古玩市场、劲松古玩城、亮马文物市场等。

在早期的文物寻觅活动中，最缺乏的是知识，其次是资金。我那时为借到一本港台版的参考书，将身上所有现金和手表都押在出借者手中，借到后，如获至宝，一周中连看几遍，至今受益匪浅。那时古玩也很便宜，假货极少，然而大家兜里也没什么闲钱。我记得，那时在官园一套4个官窑鸟食罐才20多元，一尊明代鎏金佛也只卖30元。天桥福长街六条时期，东西极多，一个青花雍正官窑的笔筒几百块钱，巴掌大的昌化鸡血石满红摆件讨价50元。长椿街市场时，陈树新先生花40元买到一个汉代白玉饕餮圆雕，其沁色玉质之美，在以后的20多年间也从未见到过第二件。

我学习古玩，先从古钱币学起，接着是学习古铜、玉器、竹木牙角、碑帖书法、名人字画、文房诸品、名人信札、佛像、清宫旧档、"文革"用品，等等。虽在不少领域都有涉猎，只是对瓷器一直不摸门，可能一是没有那种资质；二是没有名师指点。我收藏的几件瓷器，都是请专家朋友掌眼后，才敢购进。

1992～1993年的北京，私家古玩商刚被允许公开做买卖，早期从业的古玩商们回想起那段日子，认为简直是黄金一般宝贵的大好时光。那时古玩收购容易，精品、佳品、奇品经常出现，甚至连国宝级的古玩也时有露面。常有行商或民众携着要出售的东西出出进进。当时，卖东西也容易，曾有鱼目混珠者，将饭馆里盛铁板牛柳的铁板，将油污刷干净，当做南宋铁砚卖给日本人；也有用啤酒瓶子底磨成小片状，当冰种翡翠卖给港客；还有人拿整个橘子，用线捆成六瓣状，然后在暖气片上烤干了，再把里面挖空，当异种鼻烟壶卖给烟壶收藏者。假的都如此好卖，别说真的了。有一个经营玉器的同行，他的柜台曾被台商两次扫空购光。还曾有一位经营"文革"时期收藏品的张太太，有一次接待一位从美国来的洋人，提出的要求竟然是购买店中所有货物。张太太大喜过望，谈好了价钱，接过一大笔美元，将店门的钥匙交给顾客，净身走路，过两天回来，店中除了家具外只剩几双鞋子，所有货物全部搬走了。

古玩界自从改革开放后，近30年中有无数稀奇有趣、光怪陆离的故事，如果写出来，相信不比陈重远老先生的老古玩行的故事逊色。由于当事者顾虑会影响生意或引出不必要的麻烦，很多人不愿将商业操作及买卖具体物品公之于众。行里有人曾说："坏别人的买卖，如同图财害命。"我当然不想害人性命，写此书时，在写实的同时，尽量避免伤到旁人。

我曾看过所罗门基金的投资分析报表，几十年来，投资回报最高的就是古玩及艺术品，远在股票、期货和房地产之上。中国这30来年古玩价值的总趋势自然是一直向上。当然各个类别也有高低不同。元明清官窑瓷器从"文革"后有了古玩市场，就一直是热卖点。但在90年代，因货源奇缺而有行无市，千禧年后官窑回归热后，又炒上了高点，而国外那只元青花鬼谷下山瓶拍出千万镑天价，更把这类物品推到又一个顶峰。翡翠在80年代末90年代初曾炒过一阵，由于B货技术的提高及A货新货的大量进场，而后又下调了10年。铜器一直是每年低幅上扬，可能是铜器过于敏感，成交价不公开，所以也不统一，直到2004年以后，翻倍增长。在1985～1986年，买一只汉代或唐代的铜镜只要40～50元，而2004年后，稍佳一点的就超过万元。古旧木器家具也是古玩界的常春藤，特别是黄花梨和紫檀，经过多次暴涨，现在若想买一件大件的黄紫之物，花费已经超过百万。大件找不到，小件东西也连爆高价，如笔筒、官皮箱、插牌子、摆件人物等。1999年和葛宝华兄去上海，我买了一对紫檀八楞花插，当时只花600元，现在居然也过万元了。古钱币一直没有大涨，直到2005年后一涨竟是二三倍。而现代金银币在1996年～1997年间狂涨一次再无声息（关键在于，此类不是古玩）。书画艺术品则更是领军项目，五六十年代价格很低，70年代末开始有人收集，80年代已形成上涨商品，90年代几次上扬，2003年～2005年一连升了很多倍，佳品拍卖论千万计。刘文杰先生曾在90年代中期写的文章里极力推崇黄胄、李可染、陆俨少这几位大师，认为他们的作品升值空间极大。果不其然，10年后他们的作品被越来越多的人认同，市场极好。至于绣品官服、竹木牙角、珐琅料器、文玩案摆、唐卡佛像、笔墨纸砚等，都在水涨船高，紧随市场行市。至于古玉，识别难度较高，搞古玉的人往往只主营这一专项，而搞别的东西的人，进这一行也难，我从古铜转古玉的学习中也吃了不少苦头，交了不少学费，但最终转行成功。古玉由于可比性小，一直只慢涨不跌，直到 2005 年后，才翻倍升涨。文书拓本，由于曲高和寡，虽然每年价格上调，但没有过强劲上扬。

我在近 30 年中，虽然得到了很多藏品 (有些是从国外购买的)，但更重要的是获得了很多知识，通过实物资料来印证古人的书籍。

联想到近几年在不少历史连续剧和电影中，史实不合，错误百出，只可当做戏说。

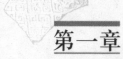

第一章
明式紫檀方型笔筒

1995年夏季，我和几个朋友包租了一辆小轿车去雄县。雄县属河北省，在80年代及90年代前期，雄县是非常有名的古玩集散地。雄县有些村子，女人在家打理农田，养老抚幼；而男人则到全国各地去搜罗收买古玩，农忙时才回家收拾庄稼。每个村子有几十号甚至上百号人干这行。在改革开放初期，不知全国有多少好东西经过他们的眼，又通过他们的手流落到四面八方，这个时期当地居然练就了一批长着火眼金睛的文物高手。不谈理论知识，就其实际辨别文物真伪来说，他们的鉴别能力也许不在故宫博物院和历史博物馆的某些专家之下。他们因为文化

明式紫檀方型笔筒

长 90mm

宽 90mm

高 130mm

学识稍逊一筹,除了古今绘画、书法、拓本这类软片文物基本不上手外,不管大件的如木器家具、石雕;中件的如青铜器、瓷器、三彩陶器;还是小件如珠宝钻翠、古玉钱币、竹木牙角、缂丝纳纱、钟表杂项等,无不经营。他们中有些人脱胎换骨,改换门庭,最后在北京城里开起了古玩店。

以上说的是雄县的古玩发展历程,再说说我们去的张岗乡,就是雄县做古玩最早、规模最大、水准也最高的地方。这里现在在村委会的宣导下,化暗为明,办起了古玩集市,就是所谓的一五集、二八集。前

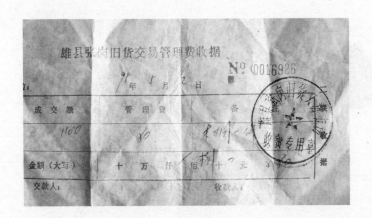

者为农历初一、初五、十一、十五……；后者为初二、初八、十二……。
到了集日，四乡八村的古玩生意人天不亮就来到集市，沿村中心路上摆
起地摊。我们早上四五点钟起来，坐车到了张岗已经快7点了，天已大
亮。我们坐在小店门口的柴木桌前，吃了一顿店主自己磨的豆浆、现炸
的大油条，这顿早餐十分可口。此时就可以看到街上的古玩摊一个接一
个地摆开了。

　　我们顺着街道一个个看过去。张岗的古玩摊和潘家园的地摊不太
一样。潘家园的地摊是现代工艺器多，仿古器物多，漂漂亮亮的挺打眼
（吸引眼睛）。张岗的古玩街上假东西也有，但不多，还是真的、老的多，
可绝大多数都是大路货，或者残次品。放在一起确实不好看，也不太招
人待见。我先买了几件小东西，非精品也不贵，都是鸡肋一路之货（留
之无味，弃之可惜）。正走着，腰上被人重重点了一指，我以为是同来
的朋友恶作剧，回头一看，是一位剪板寸头的中年农民，提一个军用挎
包，笑着跟我打招呼："我看你像个买主，给你看个好东西。"我点头答

应后，他从挎包中掏出一个黑黑的木头方笔筒来。我接到手中，笔筒不大，却死沉死沉的。颜色黑里透紫，棕眼极细密，纵切面呈浅黄色牛毛纹状，质材是如假包换的金丝紫檀。金丝是指紫檀棕眼中的树胶介质，由于日久天长而氧化变色，形成了淡黄色和浅咖啡色的牛毛状纹路。这个笔筒的式样是明式四块瓦的方形，上下起线，四足自然流利。我已起了非得不可之心，但表面上还在挑毛病："这笔筒太小，又不是整料挖的。你要多少钱？"那个中年人说："你看好了，我的这只是紫檀的，少1500元不卖。"我看他要价也没出圈，象征性地和他讨了一会儿价，花了1100元买走了笔筒。如果拿了就走可不行，村委会在市场上有一个收税站，买了东西必须去缴7%的税给村委会。这点挺像欧美，还得缴交易税。如果你敢不缴税就走，村口有人把守，一旦发现你买东西没缴税的话，东西没收，另收罚金，弄不好还会扣人。

　　我缴完税金80元，回来时正好看见朋友老陈走过来。老陈是北京人，太太是雄县人，所以他经常住在这里，并且收东西。他看见我们十分高兴，说正好搭我们的便车回北京。走之前说有一个鎏金的玩意儿你们看不看，我们说看也无妨。于是他带我们走到一个住户内，主人拿出一个纸盒子，打开层层包裹之后，呈现在我们面前的是一个有盖的青铜壶，壶高三十多公分，上面是满鎏金，图案部分错银。图案是汉代的云雷饕餮纹，盖子里面有阴刻的六字铭文，由于光线暗，看不清铭文是什么字。壶旁有扑手，盖上有一点残破。主人要价人民币6万元，可以还价。我想这种东西是应进博物馆的，个人收藏最好不要碰这种敏感的青铜器，所以也就推托一番起身回京了。

一回北京，就有人问我，那只方笔筒愿不愿出手，有个开店的愿意加价收购。由于是自己当时一眼看中的东西，当然舍不得割爱了。

每当我盘着这只紫檀方笔筒时，就会联想到那只鎏金错银带铭文的汉铜壶来，但愿它最终由博物馆收藏，可以让更多的人观赏。

第二章
齐振林献寿于段祺瑞之手书阿弥陀经

　　2002 年秋季的一日，闲游北京琉璃厂，看见海王村后面中国书店大楼贴出广告，正举办秋季拍卖预展。我当时无甚急务，信步进去参观一番。有不少善本书籍摆在那里，但见一个角落里，放着一本法书，装帧很精美，用五彩织棉作封面，上面是万字不到头的图案，框子是金丝楠木的。

　　我拿起来看，是一本手书的佛经"阿弥陀经"。我当时尚未信奉主基督，对佛教和佛经稍有研究。翻开看，手书字写得不错，抄录者叫齐振林（当时不知此人），时间是"中华民国"十三年夏历甲子二月，上

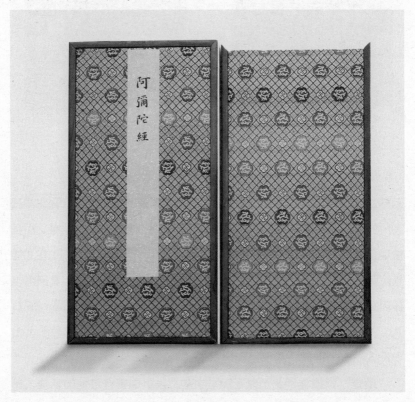

款是"恭逢芝泉师宪六秩大庆发愿写阿弥陀经一册敬颂"。当时想年代不算久远，又不是大名士，合上册页放回原处，拔腿正欲走开，忽然一个念头涌了上来，芝泉者挺熟悉的字号，是不是段芝泉呢。我马上走下预展室，到楼下大厅找到中国名人大字典，翻出要找的人："段祺瑞（1864～1936），安徽合肥人，字芝泉，湖广总督，北洋首脑，陆军总长（相当于国防部长），内阁总理，执政。"算一算时间，"中华民国"十三年，是公

元1924年，该年段祺瑞正好60岁。段祺瑞与王士珍、冯国璋合称北洋三杰：龙、虎、狗。段祺瑞虽称虎杰，但还是儒将风范。他信佛学经，而且常年食素。袁世凯称帝失败，气病而亡。段氏与黎元洪分执院府，在北洋直皖两系大战失败后，退入天津作寓公，念佛、打围棋谱度日。直到冯玉祥倒戈，赶走吴佩孚，囚禁曹锟，段祺瑞才出山重作"中华民国"执政。

拍卖那一天，我专程到中国书店参加竞拍，果然那本佛经册页由于没人注意上下款，我很便宜地竞拍到手。

经查，齐振林毕业于保定陆军学堂。段祺瑞曾做过他的老师，所以用门生称谓。他知道段芝泉信佛，故抄了佛经奉呈。我想他此举多半是马屁拍到马腿上了。

段祺瑞在前清时当过北洋新军的统制官，以武改文，最后升到湖广总督的高位上，官居一品，倘若他在前清时就亡故的话，朝廷一定给他封典，如一个谥号叫文什么的。荫一子为举人或给个轻车都尉，或云骑尉之类的职务。而皇帝的赏赐则是派御前侍卫十员代皇帝吊丧，并赐陀罗经被一床。陀罗经被是丝绸精织，上面是金线绣出整篇的梵文阿弥陀经或波罗密多心经，用于下葬时盖在身上。在乾隆朝，高宗纯皇帝想要哪位大臣的命，又不便将罪状公开，就赐下那只给死人用的陀罗经被，受赐官员只得服毒自尽。这样死后，儿孙的富贵还可保得住。齐振林在前清未做高官，这些过节自是不懂。在老师60寿诞之时，冒昧地献上阿弥陀经。而段祺瑞一定深知宫廷掌故。佛经此时送到，大触霉头，肯定会置之高阁了。

"阿弥陀"，梵文AMITABNA或AMITAYUS，意为"无限生命"或"无限光明"。阿弥陀经，就是无限光明之经。美国冯秉诚博士放弃生物科学研究而作耶和华的传道人。他对比较宗教学是很有研究的，他认为：佛教是唯心主义哲学而不是神学。

佛教创始人释迦牟尼于公元前560年（周灵王12年）左右生于北印度的迦毗罗城（今尼泊尔首都加德满都西南约200公里处），父亲是该城的诸侯城主。释迦（sakya）为族名，意为"能仁"，牟尼（mani）

意为"贤人"或"寂默"，释迦牟尼即意为"释迦族贤人"。从小信奉印度婆罗门教，15岁被立为继承人，17岁结婚，有一妻二妾。有一天，释迦牟尼看到一个被疾病折磨的人、一个衰老的老人和一位行乞的出家人后，深受感动。他开始思索人生的真谛。那天深夜，他离开王宫，离开父亲、妻子、孩子，他剃光头，披黄袍，云游四方，时年29岁，成为一个行乞的修行者。刻苦修行6年之后，他在一棵菩提树下打坐40昼夜，获得开悟。他认定人类苦难的真正根源是"欲念"，人如果能够摆脱一切欲念，即可获取心灵的平安，最后达到涅槃的境界。涅槃(梵文Nirvana，意为"被吹去")是佛教徒最后的理想去处，是一个没有再生再死的地方。释迦牟尼此后被称为佛陀（Buddha），意思是"悟者""觉者"。

释迦牟尼吸取了婆罗门教的一些教义，创立了佛教，设立了僧侣制度。其原始佛教教义有四圣谛、六道轮回说（由婆罗门教的三道轮回扩充）、业力说、五蕴说、须弥山说、三法印。他在此后45年里在印度恒河流域一带传道，在80岁高龄时去世，即公元486年（周敬王三十四年）。遗体火化后被分成8份，由8个地区国家分别建塔纪念。火化后遗留的骨头梵文叫"Savia"（意思是死人的骨头），中国人叫"舍利子"。笔者曾观瞻过陕西咸阳法门寺的释迦牟尼指骨舍利。

总的来说，释迦牟尼的教义本质是无神论的心理学。所追求的是以心理学来解救人的困难，他认为人的根本困难不在思想，乃在感情，特别是当他的欲念未受严格控制的时候。他并不相信有任何真神，认为祈祷是完全无用的。释迦牟尼去世后，印度佛教分裂，形成两大主流，小乘佛教（Hinayana）和大乘佛教（Mahayana），"乘"指交通工具，大乘佛教兴起后，自诩该派能很快到达涅槃彼岸，故称大乘，而把别的派别贬为"小乘"。大乘佛教有六大宗派，即"禅宗"、"天台宗"、"华严宗"、"法相宗"、"净土宗"和"密宗"。中国中原地区传入的大多是净土宗，而蒙古、中国西藏地区信奉的是密宗。现在全世界佛教徒约有3.53亿人。

段祺瑞为中原人氏，信奉的自然也是净土宗，此宗说人相信阿弥陀佛，并不断口念"南无阿弥陀佛"，死后便能往生西方极乐世界。净土宗易信，易行，不顺刻苦修行，只要开口念佛。传到中国有了极大发展，在印度是异端，而在中国渐成为"正统"。

笔者先太公（母亲的祖父）吴敬仪公对子女管教极严，儿女婚姻都要包办，未婚子女的情书也要亲自检查。最小的儿子吴安然是自由恋爱，未婚妻陈女士的舅公就是段祺瑞。陈女士怕情书被未来的公公翻看，所以用英文书写。不料先太公拿到信后，找读洋书的外孙女翻译，仍能截获机密。

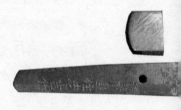

第三章
肥前国住忠吉造日本武士剑

2004年元旦，在美国达拉斯的一场世贸中心古玩秀上，我见到了一柄剑。它混于一堆印第安人短刀、弓箭、西部牛仔的大号左轮枪及本世纪初的毛瑟来复枪和长刺刀中。主人是一个50多岁的得克萨斯的刀剑商人。他见我留意这柄刀剑，问我是否认识日文。我说不懂，但沾一点日本汉字还能认。他从一个信封中拿出一张照片，照的是这柄刀剑的刀条手握部，上用刀刻着"肥前国住忠吉造"。我看刀鞘是熟牛皮的，刀柄也是鲨鱼皮鎏金梅花铜制的。只是刀护是铁制镂空的，像是

肥前国住忠吉
造日本武士剑
长 88cm

武士刀具部分。抽出刀身,寒光袭人,刀刃部分有大波浪钢口。可惜刀尖部分有两处小米粒大的小缺口,能看出是手工锻造的武士刀,而并非机器制的日本军刀。刀主人见我爱不释手,对我说:这是一个海军陆战队的少校军官,二战期间在一场战斗中,缴获了一个日本陆军大佐(相当于中国的大校,美国的准将)的佩刀。这名少校住在得克萨斯的一个小镇,死后遗产拍卖被他买到手的。他也不认识什么是日文,什么是中文。我问他最低多少钱?他笑着对我讲,说他问过别人,要值1000美元,但看你认识上面的字,少收你100美元,就算900美元吧。当时我已经决定买下,但做出要不要无所谓的态度跟他闲扯,想再杀下个两三百元。但随后我还是体会到德州佬的固执和耿直。最后他只是为了让我脸面上好过一点而降了10美元,以890美元成交。

回到家中我把这把刀剑分解成各个部件。我发现在牛皮刀鞘内还

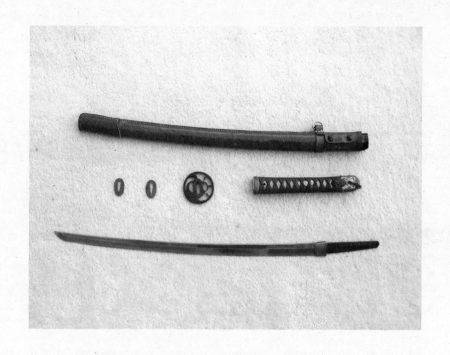

有一只完整的武士刀木鞘，鞘上用的黑漆也很讲究，非常像中国古代漆工中"犀皮"漆。刀护手也是精钢打成，图案线条简单明快，刀条柄上的刻字也是字迹利索，一气呵成，一点不滞不粘。我虽然不懂日本武士刀剑，但也能看出它是一把精良的冷兵器。

日本人说它是剑。日本刀法叫做剑道，但中国人因为它不像中式宝剑，而更像刀具，故把它叫做日本武士刀。

在大明嘉靖年间，日本幕府将军每年给中国皇帝进贡的大船上，就夹带上千把做工精良、吹毛断铁的武士刀，当时叫做倭刀。日本商人用倭刀换取中国的茶叶、丝绸、珠宝、金银，在贸易过程中，日本人发现中国南方各城镇的繁华和富足，于是一批日本浪人聚居于上海外的崇明岛，伺机侵犯中国南部各省，烧杀抢掠，无恶不作。这才出现了俞大猷、

戚继光等一批抗倭名将，上演后大明英烈奋勇除倭的可歌可泣的故事。

　　笔者小时候对日本人和日本刀的概念均来自于电影日本鬼子的形象，如松井（暗示为南京大屠杀的罪魁之一的松井石根）、山田等。这些日本军官，动不动就拔出军刀吆五喝六如同小丑。后来书读得多了些才知道：一个真正的日本武士是绝不轻易拔出刀的。真正的武士追求的是诚、静、忍。所以一些武士被人称为忍者，也就是说哪怕受到羞辱，被人一口唾在脸上，也要用衣袖拭去，而绝不动怒，更不能拔刀的。武士的最高境界是剑法修成之后，低调、宁静，终一生而不让别人见过他的出鞘之剑。武士一旦拔刀动手则是生死立判。日本武士除了大兵团作战外，均无甲胄，因为以武士刀之锋利，一般的绵甲、皮甲、锁子连环甲都难以阻挡，而精钢甲又太重，除了骑在马上，否则行动太受影响，所以武士最好的防护手段还是武士刀。一方面抵挡对方的刀势，一方面先取对手性命而给自己带来安全。当两个武士对决，往往一两个回合就分了胜负，一旦两人用蝴蝶斩对蝴蝶斩（一种用肩腰臂力的斜劈刀法），负者往往连人带刀被斩成四段。由于出刀是如此残酷，所以真正的武士崇尚和奉行刀在人在，刀人合一，刀既大和魂。日本武士爱刀如命，但从不夸示于人。

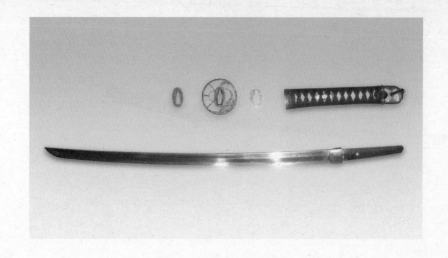

　　例如日本明治时期的武士玄洋社黑龙会的首领和宫崎寅藏就是真正的日本武士，他们在孙中山先生流亡日本时，提供了很多帮助，特别是宫崎寅藏（又名白浪滔天）身带长短两把武士剑为孙中山在日本的安全克尽朋友之道。比起他们，后来日本关东军和中国派遣军中的松井、石原、板桓、土肥原之流，不过是日本武士中的败类罢了。

　　日本武士为天皇战死后，神位会摆进靖国神社，但令人气愤的是二战著名战犯如东条英机、松井石根等，已被国际法庭审判有罪，并被处以绞刑，而他们的神位居然也进了靖国神社。我个人认为，与其反对日本现任国家领导人去参拜靖国神社，不如呼吁日本政府及民众把二战战犯及所有主动参加历次侵略战争的伪武士们的神位从靖国神社移出。因为像山县有朋、田中义一、寺内正毅、宫崎寅藏这样绝大多数的日本武士也羞于与这些害群之马为伍。

　　一个武士成年之后，他的剑道也修炼到了一定阶段，这时他需要有自己的刀了。对很多武士来说，定制长短两把刀是一生中所付出金钱最多的一次（经常多过下聘娶妻的费用）。一个杰出的铸剑师是不轻易为人铸刀的。一个主顾需要有：一、真正的武士品格；二、高超的武功

剑法；三、昂贵的支付货币。
当满足了这三项要求后，铸
剑师才按照武士的身高、体
重、臂力、刀法套路决定制造
武士刀的长度、重量、开刃宽度。在锻造武士刀前，铸剑师要拜神、斋
戒、夫妇不同居。要买几千斤的上好木炭，堆进院中。当有人从墙外看
到堆成小山样的木炭，就知道要开工铸刀了。锻造一把武士刀需要一两
个月，真是何止千锤百炼。炼出的武士刀再经过精工打磨开刃，等交到
订货武士手中时，铸剑师也累得脱了一层皮。

　　一个武士的两把刀往往不是一起造的，也多半不是一个铸剑师造
的。因为有的铸剑师善制长刀，有的只制短刀。有些武士因为经济原因
先置长刀，等过几年集下钱再置第二把短刀。

　　我将该刀拆分、照相后，回北京时拿照片请一位认识了很多年、经
营日本刀剑的朋友帮忙鉴别。他说："肥前"是地名，指肥前藩；"国住"
是姓氏；"忠吉"是人名，肥前国住是铸剑世家。这把刀应该铸造于江
户末期到明治初期。翻到这些刀具的价钱时，他突然把书合上了。我问
为什么，他说日语太乱了，看不清楚。后来我又把照片给另一个买卖日
本刀剑的朋友看，他笑着说："你知道他（指第一个朋友）为什么把书
合上吗，你那把刀标好几千万日元呢。"没想到，瞎子摸鱼，还摸上条
好的。

第四章
西夏文梵文双语陶佛铜范

在古代印度，佛塔建成后，僧人将圣物放进塔肚内。放得最多的是泥制和陶制的小佛造像。这种小造像是由凹型模具翻出来的，图案有佛、天王、佛八宝、度母、金刚、法师，等等。印度佛教从公元7世纪上半叶传入藏区，这种小泥佛也被传到藏区，在藏传佛教祭拜中，小泥佛是作为独立的圣物，或者和经卷、舍利一起充于佛像内腔和佛塔内。

这种小泥陶佛梵语音为"察察"，实际上很多佛教用语都来自梵文（古印度语）。如佛教净土宗所念的"南无阿弥陀佛"就是自梵语而来。梵文Amitabha被译成阿弥陀，意为"无限生命"或"无限光明"，而梵文"Namo"被译为南无，意思是"皈依"。所以"南无阿弥陀佛"的原意应该为"皈依无限光明之佛"。

藏传佛教和蒙古佛教都属于大乘佛教的密宗系统，也叫真言宗。该宗吸收了婆罗门教的咒术。最有名的是六字真言"唵嘛呢叭咪吽"，梵语意思为"祈求在莲华藏中的佛"。传言人执此六字大明咒，生前可以逢凶化吉，死后还能往西方极乐世界。

名叫"察察"的小泥陶佛，是由活佛指定的制作者来造出。这些"察察"的制造者通常都是有身份的寺院艺僧，每个藏民都有他的"察察"本尊。遇到人生大事之时，重金从艺僧处请回本尊，供奉于山河、寺庙。

2005年春节我到一个朋友家拜年，他也喜爱收集古物。他

西夏文梵文双
语陶佛铜范
直径 70mm
高 18mm

告诉我他刚买到一纸箱蒙藏佛教的东西。我见有一些法螺、鎏金铜造像的一些部件，还有些银制的酥油灯，等等。其中鎏金铜饰非常精美。金也鎏得极厚极纯。有两件缕雕的背光也是精美繁工。里面大大小小一共有20来件的样子。他说这不是从西藏收来的，这是北京的东西，可能是大庙（雍和宫）几十年前散落出来的。

我非常喜欢这批东西，仗着和他的交情不错，求他将这些东西让给我。结果用了一万多元人民币和两块在美国买的古董金表换回这一箱杂件。回到家中，取一盆放了洗涤剂的温水，将换回的东西清洗、分类。在箱角上我发现有一个没鎏金的小铜佛很奇怪。买的时候没太注意，现在发现是一个圆形浮雕的凹型模具，青铜质，雕的是菩萨造像，菩萨坐

于莲花座上，有四手，一双手合十状，一手托宝相花，一手持念珠。宝座下面有梵文。但奇怪的是：佛像左右有六个字，既非梵文，也非汉文。因为我收集古币20多年，能够判断上面6个字为西夏文，这和西夏文福圣宝钱、大安通宝的字体是一致的。以前我见过不少泥佛"察察"，也见过一两个翻"察察"的模子，但是从来没见过，也没听说过这种有西夏文的"察察"。

西夏帝国是在公元1002年到

1227 年由党项族拓跋氏所建立，早期与北宋、辽国，后期与南宋、金国都是三足鼎立的局面，但西夏以国力而言比起宋、辽、金各邦，那是弱得太多了。创国皇帝李元昊认为与宋、辽的战争只能胜，不能败；宋国、辽国败得起，失败了组织军队重新来过，而西夏却败不起，败一次就是亡国灭种。诚如他言，西夏在立国二百多年与宋、辽的大战役几十场，小战役几百场中，每回都是战胜宋、辽，大获全胜的。最后当横扫欧亚大陆成吉思汗的蒙古铁骑向西夏铺天盖地席卷而来的时候，西夏人知道最后的时刻到来了，他们全民动员，人人上阵。在抗击蒙古人的战争中，成吉思汗被击伤后，死在金顶大帐中。蒙古人送大汗的遗体回草原的队伍刚走，复仇的重兵就倾国而来，这一次西夏人败了，这是西夏

立国以来的唯一失败。接着就是亡国灭种，蒙古人杀光了发现的所有西夏人，并在近百年之内在大蒙古版图之内追杀漏网的西夏人及其后裔。所以有幸逃出屠杀的西夏人也只得隐姓埋名，流落异地，与其他民族通婚隐身，以求保全首领。时至今日，全世界竟找不到一个能证明有西夏血统的人了。蒙古人非但将西夏人种灭绝，而且将西夏的宫殿、寺庙、官邸、民居，乃至城墙，都作了灭绝性的摧毁。西夏文的书籍、碑石等有西夏民族文化特点的物品，被毁灭得更为彻底。

西夏文字，源自汉字，属于方体字，是西夏开国大将军野立仁荣奉皇帝元昊之命创造的。它比汉字更成方形，结构非常美，史称"屋柁文"。意思是它的结构像是搭房子的木柁，以横、斜、直构成文字。由于绝大部分的西夏文已不可识，所以我得到的这枚"察察铜范"上的文字，虽能辨别是西夏文，但究竟写的是什么则不可知了。多半还是密宗的六字真言。

西夏并不是党项人建立的第一个国家，早在公元386年，党项族拓跋珪建立北魏，北魏历经十六国与南北朝在中国的北方屹立了148年后，又以东魏、西魏的形式延续了22年。印度佛教传到北魏后，北魏各帝广修庙宇，广雕石佛，广铸铜佛。就是在今天看，北魏时期的石佛和铜佛艺术成就也极高。可以看出西夏自立国以来信奉的就是他们祖先信奉了几百年的佛教。西夏的佛教与西藏吐蕃后期的密宗佛教一定也有很多沟通。西夏国和吐蕃宗教政权之间有时有战争，有时又联盟对付宋、辽国。他们之间的官民贸易，宗教交流从没有停止过。所以吐蕃人用的"察察"在西夏地区也在通用。西夏人还制造出有自己文字的"察察"。

西夏人重武于文，很多西夏人射箭可及280步，而在汉人中无一人可射到这个距离。西夏人的冶金也是非常发达的，西夏的刀具和甲胄非常出名，并且当做贡品进贡给大宋王朝。现在还有人收藏那些精美的西夏盔甲上的铜片，上面铸有精美的动物、人物。这些铜片被称为"西蕃片"。这说明西夏确实有相当高的技术水准可以造出像这种"察察"模具的。

这枚"察察"铜模是一件创见品，它记录了当时党项人的宗教、冶金、雕刻、文字等文化。只可惜还没人能解读上面的六个文字。

第五章
明代白玉围碗围盘

　　1996年夏季，山东一位朋友约我到山东几个城市寻宝。我们先到济南，在一位李姓老人处买了几块玉，他有一块是六朝的小玉印章，上面的印纽很漂亮，是一只半站立的饕餮，雕工明快细致，但却受过火燔，变成鸡骨白色。汉以后的玉是鸡骨白玉质的，不太讨人喜欢。我想了一会就放弃了。后来却让我后悔不已，因为这种形象以后10年也未遇到过。李老先生售完自己的东西，又领我们到他的长兄家中看看。先看了一方大端砚和一个1米多高的红木寿星，都是佳品，但要价甚昂。又看了两张古琴，品相都绝佳。一张是明代潞王中和琴，一张是南宋仲尼式。

明代白玉围碗围盘
玉围碗直径 105mm
高 25mm
玉围盘直径 115mm

两张共要价 25 万元人民币。我们两人都有些动心。李老先生在一旁高谈阔论，说他的老师是山东有名的古琴王，弹得一手好琴，天下知名。自己还收藏了 4 唐 4 宋 4 明共 16 张名琴，"文革"后都散落得不知去向了，这两张是最后的遗念。我们感觉如果两张 20 万元能买下，的确很值得。琴棋书画中琴为首嘛，但我二人都没带那么多人民币现金。信用

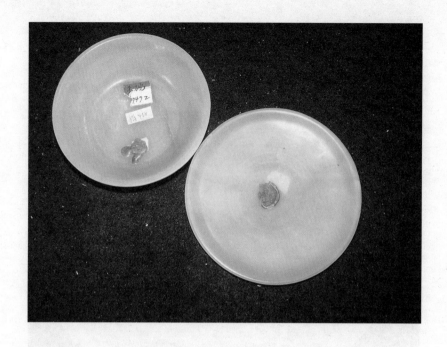

卡、支票乃至美元现金，李老先生一概不认。我二人只得怏怏而去。

　　第二天到了烟台。我对烟台很熟悉，因为在医学院时毕业实习就在烟台牟平县。我们直奔烟台市文物商店。那里的玉都很一般，而且价格昂贵。最后拿出一套小白玉碗盘来，这些小碗盘都没什么做工，是素活，但做得很精致。特别是碗玉质很好，形状像小盆，浅浅的，但曲线甚美。

　　这两件东西，店里要价人民币1.8万元。我的朋友知道我有心要，让我拉着店里几个管事的人出去便饭。我们在附近找了家干净的清真馆子，喝了顿酒。这顿午餐吃了两个钟头。那几位先生喝得高兴了，再回到店里，那副国营买卖万难折扣的样子也不见了，最后答应用1.4万元卖给我们。当晚我们乘车回到北京。

　　我把这一对碗盘带到北京，请教几位专家。有人说：这是明代的围碗围盘。上大席时用来放在主客手边的。材质为和田仔玉，颜色是白玉偏青。

顺便补一段后话，在我们光顾济南古琴半年之后，两张古琴被卖出。买主是香港古董商黑先生，购价人民币35万。黑先生为这两张古琴跑了3趟济南。第一次是看货，谈定价钱；第二次送美元现金，李老先生不受；第三次将美元兑换成人民币，再送去，才拿到琴。同年香港有一张潞王琴拍卖出200多万港币的天价。21世纪在国内拍卖场上，唐琴卖出1000万人民币，宋琴卖出500多万人民币。

失了骆驼得了耳朵，自叹有机缘无决心，可能缘分不够吧。每当念到这两张名琴，不禁手抚围碗围盘，以作阿Q之想。

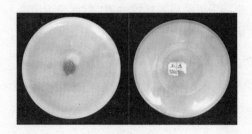

第六章

西周片状黄玉兔

1987年春季，我在北京医学院(现北京医科大学)念到六年级了，基础课、临床实习以及专业课已全部修完，只剩下专业实习和毕业论文了。我选的毕业课题是"胃癌的流行病学调查"，由王润田讲师带领赴山东烟台牟平县做现场工作。王润田讲师极其能说会道，聊起来云山雾罩，不熟悉的人被他侃晕的大有人在。一路从北京侃到山东，从省里侃到县里，从县里侃到乡里。最后向给我们开小车的乡政府司机大侃分子生物学中的单克隆抗体和医学统计学中的模糊数学。让我们坐在一旁的几个学生差点没笑出声。他有一点让我感激不尽，就是每天他坐镇乡政

西周片状黄玉兔

长 54mm

宽 28mm

厚 4mm

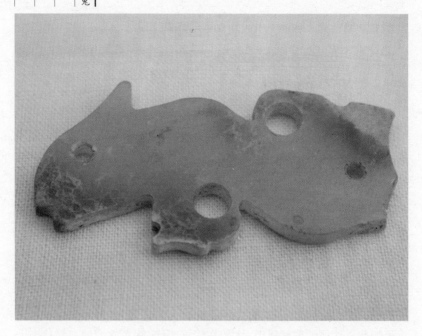

府，我们几个学生分头单独活动，大胆放权让我们锻炼。我每天早5点多起床，坐上乡政府派出的吉普车，带着10个招募的调查员（他们有的骑摩托机车，有的骑自行车），一路浩浩荡荡到各村去，那光景真有点像二鬼子的夜袭队。到了村里与村干部合作，收集问卷资料和采取胃液标本。我带的调查员全是各村的赤脚医生，年龄在35～45岁之间，我当时只有24岁。他们对我很是服从，我对他们也很客气，从不开玩笑，并尽量为他们争取补贴和奖金。他们人都很忠厚，见我的工作量比他们多很多，也不因我年纪小而轻视我。现场工作一般中午就结束了，我每

天晚上整理资料，这样下午时间就可以自由支配了。

　　只要下午没有要紧事，我就叫上一两个和我处得很好的调查员，骑摩托车去几个比较富裕的村子。先去村委会，让会计把村长请来。不多时，村里各家各户的小喇叭里就传出村长的讲话："各家听了，北京来的周大夫到我们村里收购古董，家里有玉器、铜器、银器、银元、古钱币、铜元等等的老东西，马上带到村委会来。"山东是老区，百姓非常朴实善良，如有陌生人走进家里，他们都会用家里最好的烟茶招待。广播几遍之后，便有人陆续走进村委会了。来的老人家居多，也有不少妇女。带来的东西五花八门，什么都有。只要你能看上，他们要的价钱都很便宜。一个铜元，要人民币3角；一块银元，要人民币8～10元；一个宋代的铜镜，要人民币3元。十几件银首饰共10块钱。钱币尤其多，我发现此地的古钱币中朝鲜16～19世纪的古钱很多，我在别的省市均未见如此高比例的朝鲜钱币。大约在明清两代，中朝之间的贸易往来十分频繁。

　　有一次到高陵乡下雨村，这是该乡最大的村子，人口多，新中国成立前大户人家多。广播后，老乡接连送了些东西，但没有什么好的，我有些失望，认为这么大的村子，不应该没什么值得收购的东西。忽然有件东西在我眼前一亮，我定睛一看，原来一位老者在旁看热闹，他手中平端着一支湘妃竹杆、白铜锅子、玛瑙嘴的旱烟斗，烟杆上挂着一个羊皮烟荷包，荷包上系着一块玉。吸引我目光的正是这块玉。我请老者解下来给我看看，他笑笑，解下递过来。这是一块片形玉，上面打了两大两小的孔。整个造型像一只剪影兔子。我当时对玉器所知甚少，不知是什么年代，但看造型沁色，这块玉绝对是老玉。我问："卖多少钱？"老者说："这是上辈传下来的，不卖。"村主任在一旁帮腔说："老五啊，这玩意儿在你烟杆上挂了几十年了，还不烦呀。下礼拜村里弄到一批化肥，你还不如卖了换成化肥呢。"我看老者似有动心状，便追问卖多少钱，老者想了又想，最终受了化肥的诱惑，说道："给俺20块吧。"我买一枚古钱只需3角钱，当时一个住院医生一周的工资不过20元，而我还没毕业呢。但我考虑再三，还是20元将它买下了。

现场实习两月后结束了。我瘦了10多斤。所有出差补助金全部花完，自己还贴了不少。但行装里多了几十斤收集来的各种古董。告别了依依不舍的10个调查员，乘火车回到北京。

拿出这个玉兔，请几个玩玉的朋友看，他们一致认为是西周时期，齐国的玉质精品，用的是上好黄玉，打孔用的是锋利的青铜管钻，打出来的孔又圆又垂直。造型简单而生动，也曾入过土，有少许玉质已变鸡骨白色，又有褐黄沁色和灰白皮。

毕业论文完成了，成绩还不错。这次实习最大的收获还是这只物美价廉的玉兔。当然也有代价，有次和调查员王兴成两人骑一辆摩托车去买古董，被一辆大卡车差点挤到一条5米多深的大沟里去，最后刹死车还用4只脚点地加大摩擦力，才在沟边停住。

毕业一年后，有位接着在牟平县做后续研究工作的同学，见到我还说，在有的村子里，老百姓见到穿白大褂的来了，还有人拿着古物找北京来的周大夫求售呢。

第七章
明代铜质关公造像牌位

　　1992 年秋天，我在劲松古玩市场遇见以前玩钱币的谭勇兄，他年纪大我几岁，入行虽比我晚了五六年，但进步很快，不但通晓钱币，其他铜器也有涉足。他邀我到家中，看他最近的收获。给我看了几枚无文空首布。东西是真的，但坑口不太好，也无甚奇特。在他的书柜架子上，我看到一尊铜造像牌位。这是很传统的关公造像，高浮雕铸造，关云长骑赤兔马，一手提青龙偃月刀，一手拂长髯。右侧阴刻"千里走单骑"。铜质是黄色发青，整体呈黑漆古色。牌位上端为歇山顶式，下部底座立有四足，牌位有轴可旋转。整体风格是明晚期的式样。谭勇是收购铜钱

明代铜质关公
造像牌位
高 128mm
宽 85mm
座厚 35mm

时顺便带收的，所以见我有兴趣，就转让给我。

　　关羽是家喻户晓的三国人物，罗贯中写出《三国演义》后，明清以来，广为流传，很早就传到日本及朝鲜、越南。日本人对《三国演义》的喜爱不下中国人，直至今日。清太祖努尔哈赤及清太宗皇太极将《三国演义》作为兵书发到各旗将佐手中。笔者就曾买到过整套满文手抄的《三国演义》。在东汉末年的三国时代，关羽是传奇人物，也是悲剧人物。他作战勇敢，忠义为先，打了不少胜仗，最终败于东吴大将陆逊、吕蒙之手，俘后被斩首。但这还只是悲剧的开始，他的义兄刘备与义弟张飞

也在不久的报复伐吴中死去。这也还不是最悲惨的。晋人陈寿在《三国志》中曾记载，在后来的魏军伐蜀之战中，刘禅开城降敌。关羽曾水淹七军，斩了魏军大将庞德，他的儿子庞会跟随魏军统帅邓艾攻蜀后进入成都，庞会带人杀光了关羽满门人丁。以至于关羽直系中断。历代有人称是关羽后代者（如水浒中大刀关胜），不是旁系，就是伪冒。

中国传统中的忠、孝、礼、智、信，关羽全部具备，另外还有一个义字，也是中国人（特别是下层百姓）所追求的。自宋之后，关羽被封为大帝，成了老百姓心中的武圣人，而文圣人当然是大成先师孔子了。在中国广大地区凡有文昌庙的就有关帝庙，终年香火不断。孔丘的丘字被读书人称为讳字避而不读，关羽的羽字也被改写，羽字从甲骨象形文来，到隶楷之后固定为六点羽字。但大家为避武圣人的讳，都少写两点，所以今天的四点羽字倒成了正规汉字了。

京戏中的关公也大有讲究，净是花脸，但有一词是专给关公角色的，叫红净。红净戏就是关公戏，也称老爷戏。

在过去戏台上，演关羽的人报名一律自称关某，而同台别的角色，无论敌我，一律尊称关公。清代曾因怕演关公戏而亵渎武圣人，因而禁演红净戏，直到同治末年才渐渐弛禁，但"走麦城"仍在禁演。演关公的演员在上演头一天要斋戒沐浴，勾了脸扮好装还要在后台膜拜关公神位，揣着神码才去演唱。梨园行称关公为兔瓢子。那时杨小楼、谭叫天、余庄儿、陈德霖等供奉宫廷演关公戏时，关公上场前，捡场的要洒一把

满天星火彩，然后撤去帷幕，关公才亮相出场。慈禧皇太后总是等一把火彩洒出，不等撤帷子就避席而起，走到廊子前站着回避片刻，才回座听戏。有一次同治的瑨妃，当关公上场，听得正入神，忘了起身避席，被太后训斥，罚她到御花园忠义神武关圣大帝座前连烧三天香，以忏悔失敬。

"中华民国"三年，袁世凯任大总统时，要在阴历八月二十做寿，此时他一心想当皇帝，组织鼓吹帝制的筹安会，但他最害怕的是中国南方的革命党，恨其阻挡他迈向皇帝宝座。下面马屁精们为了讨好，新排了一出京戏，名为《新安天会》，其中孙悟空号称"天运大圣仙府逸人"，是影射民国的伟人孙中山(逸仙)先生的。演这出戏角色成了问题，惯演猴戏的杨小楼坚决不演，谭鑫培、谭叫天也不肯演。老乡亲孙菊仙是慈禧太后赏过五品顶戴的，更不肯给袁世凯造势。最后找到刘鸿声，此人技艺高超，昆乱不挡，原习净后改老生，一出《斩黄袍》，胜过老谭，一时间声名不小，北京城里万巷传唱，不是天作保来地作保，就是孤王酒醉桃花宫。郭世五让他来演《新安天会》，刘鸿声一时不知深浅，答应下来。演的时候头戴平天冠，身穿黄龙袍，学孙中山戴八字胡，而胡须上卷。袁世凯一高兴，把甘肃巡按使张广建进贡的九行龙袍赏了刘鸿声。刘鸿声换穿新龙袍，四龙套导引在小开门牌子声中重新上场，并向台下袁世凯磕头谢恩。这下让在座的良心未泯的文武官员大为摇头，以黎元洪为首愤而离席，走了不少人。后来有人警告刘鸿声："梨园一行最讲义气是非，你这么糟蹋缔造"中华民国"的领袖，后果不堪设想，纵然孙某人不会计较这些孩子把戏，他下面的人就难说了。革命党在南

方势力极大，看来你把广州、上海这两个码头都一起卖断了"。刘鸿声这才恍然大悟，觉得自己大错特错，急于挣回体面，想唱一出关公忠义戏，"刮骨疗毒"来挽回影响。但他做事一向马虎，上红净关公戏，跟平常一样，没有揣神码拜牌位就装扮上场了。在"刮骨疗毒"一场戏中，演华佗的一不留神，手中小木头刀子居然把刘鸿声膀子上的肉划了个口子，当时没觉出来。下了戏一卸装才发现，半条胳臂全是血，赶快到德国医院包扎，足有半个多月连胳臂都抬不起来。梨园行人都说他是误接匪戏，又不崇敬武圣，关老爷给的一点薄惩。

笔者曾在八宝山附近古玩市场的一家店中，看到一张古画《关云长刮骨疗毒》，因店主人是熟人，也就没什么顾忌，我说："这张画是假的？"他说："你怎么知道，你还懂画呢？"我说："画我是不太懂，但这张画上的关羽横眉立目，下棋的手臂上肌肉贲起，就不对了。过去的人把关羽奉成武圣，在他过关斩将、杀颜良诛文丑时可以是这种表情，但刮骨疗毒时一定是表情平静，眼眉下垂，不动声色，手臂肌肉放松，才能显出武圣人不同凡人的功力素养。反倒是一旁的关平、周仓等人应该面露紧张，为关公担心。所以我看这张画人物表情不对，大概是现代人伪造的。"那位店主频频点头赞同。

第八章
清雍正皮胎髹漆大捧盒

　　2001 年，在琉璃厂海王村漱芳阁，我见到这只大捧盒，我与店主宋四成先生是熟人，和他聊天。他向我抱怨说："现在的工匠，活路越来越差"，我问："为什么？"他拿出了这个大捧盒，先问我，是什么做的？

　　这个圆盒直径可达半米，叩击下并无清音，非铜铁，非瓷木，简直让人想不出来。他告我这是个皮胎漆盒，原来的图案非常漂亮，但有的地方有漆皮脱落。所以去找了个金漆家具厂的漆工修补，没想到这位老先生图省事，用桐油漆将以前的图案全盖满了，然后再用金漆绘制祥

云、龙凤和暗八仙，将一件好好的古董给翻新了。我见图工虽精致，但一派近现代风格，毫无意境可言，也没什么兴趣。正当要替他搬回原处时，他又补了一句"幸亏他还没把底部动了手"。我顺手翻开盒底，露出一对带叶寿桃来，古雅美观，用的是矿物质颜色，时间久了有一些氧化，变得温纯秀淡。底上有四个字的描金款识。其中右起第一个漆皮脱落看不清楚，后三个字是"正年制"。我想这个漆盒应该不出明清两代，而明清两代第二字是正的，只有清代雍正了，再向上只有元代至正朝，但图案绘法及皮盒做工，以及漆表面的出椴都不支持是元代的。仔细看那

个缺字，"雍"字的上面一点还在，且一横的右半部尚存。百分之百是雍正年造了。我放下盒子对宋先生说："既然修坏了，你就别赚钱卖给我吧，我用它做个标本。"宋先生心气正是最低时，心想让出去省得看了生气，所以只向我要了800美元。我当时正好带着现金，付给他后扛起皮胎漆盒就走。

这只皮胎漆盒虽然已非完整，但还是能看出当时宫廷内造办处工匠的精湛手艺。制造此盒，要选用上好的牛皮，硝制过程是做出形来，再烤干固定。胎制好后，在皮胎上披麻挂灰，然后再松底漆，绘图加款。

清朝因明代重用宦官，导致衰落亡国，因此吸取教训，撤销宦官的十二监、四司、八局、东厂及监军、镇守，而皇帝以及宫中后妃、未分府的皇子、皇孙的衣食住行就靠内务府来包办了。内务府的最高首脑是内务府大臣，通常是两名，但内大臣并非特任官，而是简任官，在清朝文武大臣或王公内简用（兼差），如海望、来保、恭忠亲王、军机大臣宝文靖、文祥文文忠都作过内务府大臣。内务府大臣领头的称掌钥，指

掌管印盒的钥匙。下属官是正五品的郎中（其中管理日常事务的叫堂郎中）、从五品的员外郎、正六品的主事以及正七品司库和从九品司务。内务府下分广储司、会计司、掌仪司、都虞司、慎刑司、营造司、庆丰司，总共七大司，其中广储司最大，造办处原属营造司，后因营造司主管宫殿及别院的修建，将造办处归入广储司。广储司在内务府里是权力最大、银钱最多的衙门，下属图书处（管皇室图书典籍，曹雪芹曾在内当差）、大内银库，江宁、杭州、苏州三处织造以及造办处等。其中造办处规模最大，所用的工匠最多。造办处在清早期有二三十个作坊。乾隆年间增加到 70 多个。道光皇帝自奉节俭，撤减到 20 多个。

造办处的作坊大多设在宫廷之内，也有例外，如江宁织造、苏州织造、杭州织造（属丝绸作坊）、江西景德镇的官窑瓷器作坊。紫禁城内的作坊全设在外宫（内宫为皇后、嫔妃居所），不管设在哪里，所有造办处做的活计今天都叫宫廷制作。

作坊分为金银作、木器作、铜器作、漆器作、料器作（也叫琉璃作）、珐琅作、玉器作、小器作、兵器作等等。有些匠人是从民间招募而来的，有的则是子继父业世代相袭的。

造办处的成品特点，一是不惜工，不惜料。因为是皇帝的企业，资金非常雄厚，招收的人员也是当世一流的工匠，所以做出东西一是精美；二是基本上无次品。因为做好后的成品，皇帝有可能亲自检查，所以不敢有次品，如发现次品从内务府官员到工匠以及打杂的太监都要受到惩处，轻则训斥、罚俸，重则撤差，送慎刑司。

第九章
西周战国白玉筒状器

　　1984年夏天，我在北京医学院（现北京医科大学）就读三年级第
一学期，也是基础课程的最后一个学期。一共4门课，其中主课是药理
学。提起药理学，我估计所有学医的人都得打寒战。如果一个学生的形
象思维好，那么解剖学、病理学的成绩会好些；如果他的逻辑思维优
秀，那么他的数理统计、生理学、生物化学成绩会好些。唯独药理学，
形象思维既显得软弱无力，逻辑思维也帮不上忙。学好药理学，唯一的
办法就是死记硬背，一个药的作用、次作用、毒副反应、机制、中文名、
英文名、拉丁文名，真能让你吃不消。考试前一星期复习至关重要，只

西周战国白玉
筒状器
外径 46mm
内径 35mm
高 28mm

有靠考前的临阵磨枪来获得强制记忆才能奏效。在这个星期里，我每天睡眠不超过6小时，背得头都大了。忙中又添乱，我在清华物理系的朋友刘百玉到北医找我，我不得不放下书本接待他。他告诉我，他陕西省老家的一个废品收购站最近收到了一批古钱币，问我有没有兴趣去看一看。我当然有兴趣，但考试期间抽不开身，只能请他先回家，稳住收购站领导，我考试完就马上去陕西。

主意拿定，我又开了几天夜车，当把药理学考试通过后，犹如三伏天脱了一件大皮袄，浑身轻松。我一面在几天内将背会的药理学大部分忘掉，一面整理行装去陕西。

我乘火车去西安，带着我全部现金，人民币200多元。到了西安，我一不去造访兵马俑；二不去欣赏华清池，在车站买了张车票直接去合阳县。这回换的列车是木头板坐椅，一路颠簸到了合阳，刘百玉在车站接我，我看到他才放下心来，那时没有手机，从西安打电话还得代传，线路很不清楚，生怕有什么闪失。

刘百玉带我走进废品收购站，站长是个大个子，胖胖的中年男子。他拖出小半袋铜钱，一看尽是大路货，绝大部分是清朝的，一小部分是北宋的，基本上都是极普通的。我想宁啜茶根，不饮白水，也别白来一趟，挑了几枚咸丰当百大钱和一个白铜大烟膏盒子。让他上秤称，看有多重，我想按精铜付给他钱总比他卖废铜强。可站长不答应，他说："峨（我）们不当铜卖，要大票子。"我不懂什么叫大票子，他解释说是人民币面值最大的票子，那时人民币还没有100元面值的和50元面值的，最大的面值是10元的大团结图案。我觉得10元也还值，就给了他一张10元钞票。准备走时，发现门口左侧放着一张破柴木八仙桌，上面放着一些杂物，有一些玛瑙烟嘴也不是精品，但在杂物堆中我看见黑乎乎一块东西，用手拨拉一下，露出另一面，嘿，好一块带开窗的白玉，这是圆形筒状的样子，比手镯小，比扳指大，开窗是指沁得很严重的玉器上有一部分没有受沁，可看出本来玉的颜色和质地。这块玉沁成黑色，开窗处可见极精美的和田仔料，白得可爱。我装作无所谓的样子，指着那块

玉箍，问站长，这块玉是否出售，站长原本没把它当回事，听我一问，便灵机一动，说："这个小手环是上星期人家送来的，还没上账呢，你要的话还得一张大票子。"我暗想，这位仁兄做生意真是一个路子，不管什么东西都是一张大票子。这件玉箍可比那堆钱币值多了。我交给站长一张大团结，又向他要了两张报纸将玉箍包好，告别了站长。

刘百玉家不在县城，住在离县城十几里的南关镇。他骑自行车，我横坐在后座上，当时我还想，我腿挺长，骑坐在后座上会不舒服，结果今天想来还后悔不已。陕中平原虽好，但道路上下坡多，在经一个40

度大下坡时，刘百玉一点不用刹车，为的是用惯性冲驶下一个上坡，所以速度极快，正好前面有一辆大拖拉机迎面开来，刘百玉打把让行，但后面顺下坡飞快开过一辆大卡车，两车竟把我们夹在中间会车。两股气流一错，刘百玉紧扶车把还挺得住，我却被掀翻在地，由于身体惯性，速度仍快，在地上滑行两米才停住。等刘百玉停车扶起我，两手两膝被筢去一层皮肉，出血不多，但火辣辣的疼。更可悲的是包里的东西洒落一地，我们收集起来，发现一枚宝巩当百的咸丰大钱被摔出了一个大缺口，而那块玉箍却安然无恙。

到了南关镇，天色已黑，打着手电筒去找赤脚医生处理伤口，那个二脚猫医生，一不打破伤风针，二不用消炎药粉，用紫药水加纱布简单包扎上就算完了。第三天我回到西安，第一件事就是找家大医院将伤口

　　重新包扎，果然有的地方伤口已经感染化脓了。直到现在我左膝的这块疤痕还隐约可见。但看到买到的那块美玉，心理也就平衡多了。

　　这块玉经过考证，年代为西周至战国，可能是束发用的玉箍。质地为上好的和田白仔玉，受沁有黑色及褐黄色的牛毛纹，纹路是根根入玉。还有少许的老土大红朱砂斑点。这种白玉玉质极硬，不易受沁，没有一千多年、两千年的土埋土浸，不会形成这种沁色。那时的玉箍绝大多数是男人带的，这只玉质极佳的发箍，不知是秦始皇的哪个祖先曾经戴着它乘车驰奔三秦。

第十章
汉代乐伎组铜带钩及隋唐胡人铜带钩

　　1983 年夏天，我中学时的一位同学将赴美国自费留学，我们几个同学组织个聚会送送他。在聚会时我又见到了徐京虎同学，在高中时由于我们两人个子都较高，所以他坐最后，我坐他前面的一个座位。在不想听老师讲课时，经常回头谈点闲篇，开个小会。我们都是住校生，居同一间宿舍，彼此生活中互相照顾。有一次跑 5000 米冬季达标，我虽然玩着命跑下来了，但吸一肚子西北寒风。京虎是军队家庭出身，用按摩手法为我将寒气全压出来了。我们关系一直不错。在 101 中学高中毕业后，我考上北京医科大学，他考上北京冶金学院，后来就一直没见面。

汉代乐伎组铜
带钩及隋唐胡
人铜带钩

汉乐人组带钩
长 45mm

隋唐胡人带钩
长 40mm

　　再次相遇后，我们互问状况，他问我现在还收集古钱币吗？我回答
还在收集。他说巧了，他现在正在北京铜厂的料库作实习，那里有大批
的古钱币。问我想不想去看看。我当然想去，于是约好时间、地点碰头。

　　第二周，我找了个下午，旷了两节课，带个大书包就出发了。换了
3 次公交车，才到了北京铜厂料库，整个是一座露天的铜山。方圆足有
上千平方米。全部是废铜器堆积而成，有黄铜、红铜、紫铜、白铜、青
铜制成的不同朝代的各种器具，大多是残破的。有很多铜锅、铜碗、铜

盘、门把手、箱子上的铜活、铜油灯、铜管子，居然还有几个破铜鼎、破铜壶，还有很多古钱币。当我踏上铜山，发觉在夏日阳光的直接照射下，脚下的温度约在40℃～50℃，头上有阳光照，下面像个铜锅烤。在铜山上寻宝的滋味并不好受，但也绝无身入宝山空手而回的道理。我顾不得烫，伸手开始挑拣。钱币确是不少，但绝大多数是清代普通品和北宋普通品，有些唐代的开元、乾元也都不值得一拣。倒是清代各省铜元数量不少，品相都不错，我挑出一些稍微稀少一些的。又拣了一两个铜墨盒和鸦片烟盒，虽没什么好东西，书包也装得满满了。一晃3个小时过去了，我们连铜山的千分之一都没搜完。临走时发现一个铜碗中有几个小带钩，我也来不及细看，想带钩也没多重，带着走吧，一把抓进书包。离开料库时，我对京虎说，找个秤过一下看多少斤，咱们按铜价交钱。京虎说，你别操心了，我回来办吧。过大门时，京虎和门卫打了个招呼就过去了。他骑车带我，我背着个大书包坐在后座上，书包沉得都把自行车后轮压扁了。

回到学校，找了个脸盆，将这些铜器放进去，又加了半盆水，这么做一是防止锈尘飞扬，吸进肺中；二是将铜器表面泥土洗去，使花纹文字变得清晰易辨。我先将铜元清洗分类，找出三四枚较少见的品种，后将铜器刷洗一遍。在找到的几个带钩中，发现了两枚小青铜带钩非常奇特，下面分别介绍。

一枚小带钩是汉代形制，平下缘，纹饰为一个三人乐队的浮雕，左侧伎人面向右，头戴低冠，穿右袒袍衣，跪坐式，双手弹奏一张古琴；右侧伎人面向左，头戴高冠，宽袍长袖，跪坐式，双手捧着竽笙吹奏；

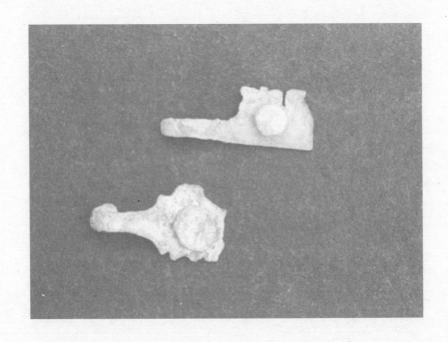

中间伎人瘦小无冠，面向前，窄袖，左手似持一铜铃，口张开，似乎边用铜铃打拍，边吟唱。这一枚小带钩总共不到5厘米长，却把一个小型演奏队刻画得活灵活现，可谓"吹摇弹唱"俱全。看到这枚铜带钩，就如同听到了汉代"文景之治"这个中国第一个太平盛世之平和正大之曲，使自己不知不觉同2000年前的古人相拟合了。

第二枚小带钩是隋唐时期的，上面只有一个胡人双手各捧一圆珠席地趺坐，有点像现代人盘腿坐法。鸡心领胡服，自然是窄袖，脚下长筒靴子，背披披风，长发中分成额前左右各一半，披于脑后。宽脑、高颧、大鼻，发型和长相符合突厥人的特征。在新疆地区发现的突厥石人群，

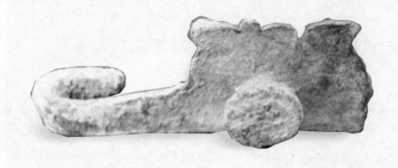

石人的发型、面貌同这只小带钩上胡人的极其相似，所以此带钩是突厥人的可能性大。突厥民族在中国西北称雄一时，男子以战死沙场为荣，病死床上为耻。他们作战勇敢，善于骑射，是中原地区的一大威胁性势力。隋朝开国皇帝杨坚征服中国南部，在260年领土分裂后，建立了一个统一国家。他开凿大运河，实现了南粮北调；实行均田制，实现了耕者有其田；首创科举制，实现了学而优则仕。他对国家做出另外一个大贡献是：曾击败拥有40万铁骑的突厥。唐太宗李世民曾亲赴战场与打着金狼头军旗的突厥骑兵奋战，最后降服突厥，被突厥可汗称为"天可汗"。李世民的太子李承乾习胡语，吃胡食，作战时打突厥狼头军旗，甚至想解开双发结，去草原当突厥人，以至于被唐太宗李世民废掉。安史之乱的安禄山也是突厥人，先降服大唐，后又兴兵造反，把大唐江山弄得乱七八糟。

这枚突厥人坐像铜带钩，可能是草原文化青铜器之一，因为上面的突厥人极其英雄威猛，气势非凡。但也不能排除是隋唐时中原工匠所铸，寓意是突厥人臣服献宝。

两枚带钩都是生坑，品相很好，无缺损，造型独特，红斑绿锈非常美观，应该是博物馆中的藏品，如果我没在最后几分钟发现，拣回，恐怕早化成铜液了。但在料库铜山上，我们花了几个小时，粗略捡寻，连千分之一的废铜还没查完。不知自"文革"以来有多少古铜精品被喂进炼铜大炉了。

第十一章
东汉王莽钱币一刀平五千及鎏金小泉直一

2005年10月秋季的周末，清早起来遛遛古玩地摊已成为一种习惯，虽然近几年来古老的东西越来越少，新仿制的古玩越来越多。出行也是十有八九是空手而回。20年前同行在地摊见面会问："搂着什么薄了？"意思是买到什么又便宜又好的东西了。因为那时只要出来转，都能买到真正的古玩，只是花钱多少的问题。而20年后的问候语已变成："花了钱没有？"意思是有没有买到任何可买的东西，可见现在市场上古玩之贫乏。

我转到潘家园地摊时，已早上9点多了，如果真是为买东西，应该

东汉王莽钱币一刀平
五千及鎏金小泉直一
一刀平五千长74mm
刀头直径28mm
小泉直一大品直径17mm
小品直径15mm

3点起床，4点到早市门口，打着大号手电筒进去抢看头一眼。许多交易都是在摊主从包里拿出货物还没放在地下，半空中就成交了。但我觉得起那么早对健康不好，走黑路也不安全，在电灯下看东西容易走眼，赌货的成分大，所以近几年都不会赶早集。

在东边一排摊位前有一个卖杂项的摊子，我曾在这里买过一个虬角鼻烟壶。另有一只小小的象牙丹药壶，是清晚期的东西，特点是分两层，可以放两种不同的丹散，我的心理价位是五六百元，但当时摊主是一个东北男人，一口咬死，少1000元不卖，结果交易未成。今天去看，那

个东北男人不在，坐着一位女士，像是他的太太。我想他太太可能好说话，就指东打西问了几样我不打算要的东西后，不经心地指那个象牙小葫芦，问这个要多少钱，东北太太说500块，我一愣，是他们降价了，还是把价钱搞错了？还价300元，最后400元买走了。我又走了几个摊位，没什么可买的，打算往回走。不料东北太太突然出现在我面前说：价钱搞错了，东西不卖了。按规矩，地摊的东西一旦卖出，就两不找，不许退换，如果有纠纷，可以到市场管理办公室解决。如果你买到假货，到了办公室，绝大多数也退不了，更不要说卖主反悔了。但那个妇人讲，她老公如果知道她卖漏了，一定给他生活吃，她实在没法交代。我笑笑还了给她，她高兴得一边还钱一边道谢。我说："你幸运的是我已学会逆向思维，如果在以前，我只有两条路走，一是找管理办公室，一定不准退货，还会罚你钱；二是如果我情绪不好，也不用退钱，把象牙葫芦往哪个墙角一摔，大家一拍两散。但现在我就会克制自己，从别人的角度想事情，尽量做到爱人如己。"

其实我以前在买货过程中的确也做过违规的事情。记得是1996年夏天，也是在潘家园周末市场，那时我遛地摊比后来勤快，也偶尔能捡到点漏。我看见一个摊位前有两人大声和摊主讨价还价。我从后面向买主手上拿的东西一看，是一串小铜钱。我铜钱入门早，1980年就开始收集，1982年办过个人钱币展览。所以我很容易地认出那是王莽的小泉直一，小泉直一算是中下等钱币，那个戴眼镜的胖买主的胖手一翻，一道金光出现，我立刻定步不走了。嘿，这串钱里有鎏金的，小泉直一虽然常见，但它的鎏金品却很少见。这串钱币总共有300多个，只见那个胖眼镜先生一路翻将下去，金光闪闪的鎏金品一会就出现了10多枚。听他们讨价还价，知道卖主要1200元，胖眼镜只给600元，一会加到了700元，加价的时候还不断地请教身边的一个小胡子：700元是不是给高了。那个小胡子也是个假内行，告诉胖眼镜过千可不值。我看出这二位在中国古钱领域连个"初小"都没毕业。这么大的漏还看不出，还在那里翻，不定一会引多少高手来赶海，北京玩钱币的我认识很多，但这二位还没有入流，抢他们的也不算伤道。我站在后面，用目光吸引到卖主的目光，然后伸出食指比了个一，再伸五指比了个五。最后握拳伸姆指向自己胸口一指。那农民打扮的青年卖主虽然不懂钱币，但是十分机灵，看到我的手势，伸手就抢胖眼镜的钱串，胖眼镜一面紧抓着钱币，一面说："还没谈完呢，抢什么。"最后一咬牙："再加50，一共750，行了吧？"青年卖主说："最后问你一句，1200要不要？"那胖眼镜喊道，"做买卖哪有一口价的，还不许商量了？！"青年卖主一把夺回，钱串一入手，向胖眼镜说："刚才1200你不要，现在1300你要不要？"小胡子大怒，拉过胖眼镜就走，边走

边说："这人有病，那有见风就长的买卖。"这两人一回头，青年卖主马上将钱币交给身边一个老乡手里，耳语几句，朝我一指。那个老乡马上从后面绕过来，将钱币往我口袋里一塞，我马上拿出钱包，点了1500元交给他。这一切，在一两分钟之内就完成了。我连身子在原地都没移动。那老乡刚把钞票数好，胖眼镜、小胡子就匆匆跑回来，胖眼镜大声说："再拿给我看看"，青年卖主和气迎人地说："对不起，刚刚卖了。"那两人才走两三分钟，觉得是个漏，争财不争气，又杀回来，根本不信钱币已经卖掉，青年卖主笑着说："刚才真卖了，骗你出门让车压死。"这两人才满脸懊悔，悻悻然离去了。

在300多个小泉直一中，挑出30多个鎏金品，大部分都被红斑绿锈所覆盖，我将普通品10元一枚卖掉，将部分鎏金品让给几个朋友500元一枚。当时可卖到600～800元一枚，也让同好沾点喜气。过了两个礼拜，在潘家园又遇到那个玩"二人传道"魔术的卖主老乡，他还认得我，把我叫住，给我看一枚"一刀平五千"，也是王莽钱，但因造型奇特，外行也能看出好，当时向我讨价5000元，我因品相绝佳，以4000元买下。

王莽是个人物，他礼贤下士，治国有道，位居丞相之高，家摄淑房之贵（是皇上的老丈人），可说是一人之下，万人之上。他的儿子杀了个仆人，他逼儿子抵了命，朝野内外一片褒扬之声。但后来自我膨胀，

篡位做了皇帝，国号叫新。用复古货币掀起中国有史以来第一次因大面值货币引起的搜括民财的通货膨胀。他发行有六泉、十布、两刀。最小面值为小泉直一，最大的是一刀平五千，因为一刀平五千形同钥匙，一刀二字是用黄金错到青铜上的，所以也叫金错刀。我一度非常喜欢金错刀，曾收集过12把之多，但以此陕西老乡卖交出的品相为最佳，生坑的红斑绿锈钱真是钱中隽品。

回想巧买小泉直一的事件，现在倒有些汗颜。人应该要集天上的钱，而不要忙着只集地上的钱。所谓天上的钱，绝非流通货币，也不是古钱古钞，而是以自己的义行天所喜乐的道。

第十二章
清代留青竹刻"武十回"扇骨

2005年中秋后一天，我坐在朋友张砚宏先生的店中闲谈，砚宏兄人缘极好，在报国寺文化市场内开了一家古玩店，每天高朋满座，扯南侃北，许多买卖谈笑中就完成了。砚宏兄经营甚广，瓷杂文具，竹木牙角，青铜字画等无所不备，只是搞得不太精，照他自己的话说是"不太研究"。

他说昨天收到几把扇骨，大家让他拿出瞧瞧，是报纸包的七八把扇骨，有竹刻的，有大漆彩绘的，有骨制的，有日本老化学的（旧塑胶），还有檀香木的。我伸手拿起一把留青竹刻人物的扇骨，因为它在其他同

伴之中有鹤立鸡群之感。包浆极美。刻的是人物亭台，雕工简练而准确。随口问砚宏兄这把要什么价，他说要卖则一起卖。其他几把大多普通品，兴趣缺缺。这把竹刻留青品虽然年代包浆都不错，但只是一把坤扇（扇骨较细），为这一柄带来一群穷亲戚好像不太值。于是我又将这一把扇子骨扔回纸包中。过了一会，另一位在琉璃厂开店的同行也拿起来逐一看过，也对其他不感兴趣，单拿这只竹雕留青的对砚宏兄说："我就要这一只，给你800块。"砚宏兄居然就不再坚持几把一起卖的原则，说："单要这一把，你给1200"，两人一个不加，一个不让，于是这把扇骨再一次被扔进纸包。又坐了一会，由于此时大家谈的话题我不太感兴趣，枯坐无味，随手又把这只扇骨拣出来。这回因为没人争抢，又可买可不买，所以可以从容欣赏其内容了。

　　该扇骨一面是纵山高岗，山下处站立一居士，着长衫，戴文士巾，一手拂海下长髯，若有所思状。山上一人头戴武士巾，短打扮。初看似

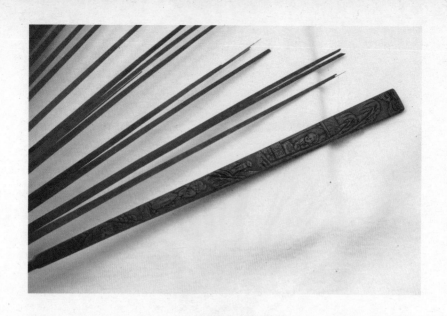

骑一兽，细看竟是举拳痛殴一只猛虎。原来山上是景阳冈打虎的武松，山下是在柴进柴大官人庄子里的宋江，他抬首遥望，是想念刚刚结义就出行寻兄的武二郎。翻过另一面，不禁一愣：团云下，垂柳旁，有一小楼，楼上窗门已打开，一女子倚窗而立，家常打扮，无珠宝首饰，一看就是出自篷门小户人家，但此女下巴微尖，眉眼风流，嘴角稍斜，似笑非笑。楼下街道有一男子，公子打扮，着宽袍，戴双补头官巾，帽上有一帽正，面容俊俏，举止轻佻。再对照另一面内容，原来是水浒传中的武十回，楼上站的女子是潘金莲，楼下走的是西门庆。雕刻者技艺精湛，用留青的方法，以简捷的刀法将布景、天地、山川、楼阁表达得清楚、雅致，而将四个人物表情刻画得入竹三分（因是竹雕，故不说入木三分）。留青是一种竹雕技法，将竹皮（既竹青）部分削除，部分雕刻入字画，削除的部分呈现出竹肉（既竹黄）。这样就形成一物天然双色的浅浮雕工艺。这件留青作品，应是清中期的刀法，留青部分已呈甘草黄色，留黄部分呈褐红蜜蜡色。双色雕法将武松的英勇、果敢，宋江的凝神、稳重、潘金莲的风流、妩媚，西门庆的轻佻、倨傲，都表现得淋漓尽致。

　　搞明白是什么东西，我已起必得之心。趁大家谈天已告一段落，我

重新问价，回答仍是1200，我也先从800
给起，后砚宏兄主动降至1000，逐成交。

折扇乃文人雅客的恩物，一般折扇一面绘工笔写意，
一面写篆草隶楷。扇骨一般也是或书法，或山水，或博古，
或花鸟。应绝无潘金莲、西门庆之流立足之地。但这把折
扇却例外，而且竹骨柔光温润，色泽古旧，绝非赝品。这
是为什么呢，而且为什么是这种窄条坤式呢。回家对照旧
藏的一些折扇，发现一把水磨竹扇骨的黑地泥金彩绘水泊
梁山一百单八将，扇骨也是窄条。请教了几位古稀老者，
道是这种扇子不是一般文人用的，是一种纨绔子弟、花花
公子，手执一把，招摇过市。这种人有钱有闲，还爱出幺
蛾子，不惜工本，将潘金莲、西门庆搬上扇骨是有可能的。

《水浒传》是一部明朝写的演义式的小说，说的是北宋
末年绿林英雄的故事。宋代和明代都是汉族人主导统治，
朝野内外都是重文轻武，侠的地位在宋明两朝都是下而下
等。而《水浒传》里的主人公们都是身份很低的侠，如小
吏、庄户、渔人、猎户、做小买卖的、中下级军官、社会
闲散人……等等。只有一个是半拉文人的落第秀才王伦，
还被一场火拼送掉性命。书中倡赞忠义为先，君父为大。小
说一出世，就受到中下层百姓的热烈欢迎，因为在明朝相
对安稳的社会，中下层人士晋身上进很不容易，只有一条
"学而优则仕"。把书念好了，才能当官。但不喜念书和没

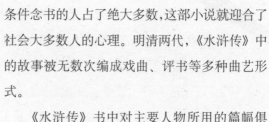

条件念书的人占了绝大多数,这部小说就迎合了社会大多数人的心理。明清两代,《水浒传》中的故事被无数次编成戏曲、评书等多种曲艺形式。

《水浒传》书中对主要人物所用的篇幅俱多,如以宋江贯穿的十回文章,说评书的称为"宋十回",讲武二郎的十回书,称为"武十回",清末民初北京的评书大王双厚坪的《西游》,王杰魁(绰号静街王)的《彭公案》、《七侠五义》,赵英颇的《聊斋》,都是拿手绝活。但要论起说"武十回"就要数扬州的艺人王少堂了。王少堂说的《水浒传》在大江南北是家喻户晓的。王少堂说到炽热紧张的咬节上,便从座位上站立起来,不但摆架势耍身段,口中还要做人喊马嘶状,通名报信状,手中折扇一会当刀,一会变枪,砍刺挡挂,各有招式。有时还穿插上一些噱头(评书行话叫虚子),引得听客大笑而解乏。每场收场的扣子都引人入胜,拴得紧紧的,让听众欲罢不能,只有明日早到了。

抗战前上海的大中华饭店内有一东方书场,向来只演唱苏滩弹词,曾专门约王少堂在此开场,说了一次"武十回",沪上书迷蜂拥而至,都觉耳福不浅,一位资深书迷在国民政府任职,当听到武松狮子楼斗杀西门庆时,上司让他去南京公出,不敢违命不去,而"武十回"又舍不得不听。王少堂知道后,问他几天回来,他说四天准回,王少堂让他放心

前去，说要等他四天。这四天他在台上东拉西扯，说的全是书外的虚子。但是段段精彩，比如从西门庆扯上《金瓶梅》，从武松拉上《荡冠志》，听众没一位觉得不应该的。等该人公出回沪，在书场一露面，王少堂马上调转话风，书归正传，接上原书，丝毫不露痕迹。众望所归，王少堂在南北评书界的"书坛泰斗"的称呼是当之无愧的。

第十三章
清代天然莲荷图梅花玉石子

　　2005年11月份，在报国寺砚宏兄古玩店中，主人拿出一块石子，对我说：这是我昨天到户里（指当地居民家中）淘来的，可不容易。我见一块黑石上用国画色画了双面的莲荷图，本不太在意，石上彩绘一个要块大，一个要年代久远。远到旧石器时期的石洞内壁画才好，或是汉以前的彩陶砖画，起码也得是唐以前的工笔礼佛或神仙图。这块石头个头既小，画得也不十分细致，乃是写意画法，包浆虽有，也就够清中期，还没有原配木托。所以我表示冷淡："这块小写意石头画得一般，白给我可以考虑"，砚宏兄有点生气，他说："你把眼睛擦干净了再说。你看

清代天然莲荷
图梅花玉石子
高 86mm
宽 60mm
厚 28mm

那图案是画的吗？"我定睛细看，果然并非后加的颜色，乃是石头本身的颜色，虽然它所生出的绿色和浅红色的间质，色泽非常像国画色中的石绿和西洋红。图案也与写意国画很接近。特别是荷莲的长长绿梗，曲折兀昂更为神似。基地是黑色，仔细看有一些很小的暗赤色斑点，但与浅红色主调颜色有差别，并不影响整个格局。正面和背面的图案相互接

应。天然石品能有如此人工效果的图案真是难得，好像是一柄黑扇面上绘出的花卉写意画，完全是大自然的鬼斧神工。我不禁握在手中再也舍不得放开。问价钱时，砚宏兄见我爱不释手，咬定3000块，一分也不减。他说："当时本主就是不卖，说值1个亿，我是连说带劝，好容易弄到手，现在给你3000元还贵？"我想这种东西都是独一无二的天然奇品，价钱是没有一定的。既然喜欢，就不必管它值多少了，于是就答应给他300美元和几百元人民币。当时给了人民币，第二天去送美元时，他正好不在。另一个朋友看我把玩着这块石头，问：这块石头你买下来了，一千几呀？我说：一千多可买不下来。朋友说昨天我看到这块石头，他要价才2000元。我立刻明白了，砚宏兄看我两眼发光，紧握住不放，一副志在必得的样子，所以敲了一记小竹杠。我心里也有点不平衡，大家都是朋友，买卖要公平才好，但我一是没有退货的习惯，二是人家想多卖几个钱也是人之常情。最主要的是奇石无价。价钱只随喜爱的程度而定，所以从这点来说也不能算错。原本想马上将钱给他，结果分成四五次，一周才给完，以示薄惩。弄得砚宏兄很生气，事态很严重，不再开玩笑了。这块石头我还真的挺喜欢，但我以前收集的石头极少，因古人有训：玩石败家。第一个爱石的人自然是米芾，他把奇石当成有血有肉有生态的物品，不惜屈节拜石。第二个爱石的人是宋代的皇帝赵佶，这个标准的艺术家更是爱花草奇石如命，下旨令全国上下为他搜罗奇花异石，一时间大运河和其他江河湖泊上，经常有插着花石纲旗子的货船（宋定制十船为一纲，花石纲指输送花石的船队）。当赵佶搜罗到无数花石在艮岳后，竟将国号从崇宁改为大观（指花草怪石蔚为大观）。结果弄得天怒人怨：朝中有蔡京、童贯、高俅一帮内患；外有大辽契丹、西夏党项、大金女真等几处外忧。最后终于亡了国，被俘后押到大漠五国城，那里只有砂土、草地，连一块完整的石头也看不见。当然这些都不是石头本身的罪过，而是告诉我们，爱石之人要玩物却不丧志。

我拿到了这块石头，用铜钥匙攻它不动，用钢刀则能划出浅痕。这说明它是一种软玉，比玛瑙和阗玉软，但比大理石、花岗岩硬。我比较了自己所藏的各种玉石，也向其他行家请教，最后确认这是河南产的一种梅花玉。这种软玉也是形成于几亿年前的火山爆发中，火山岩浆中所含的红色、绿色、黑色的熔岩被搅在一起，任意挤压，形成了各种各样的玉矿，又经过几亿年的沧海变桑田、桑田变沧海，玉矿被风化、砂磨、水冲，以及裂后的互相碰撞，形成一块块玉石。一般的梅花玉也是黑色基底，带一些小的绿圈红心的圆点，颇像冬季的梅花，所以叫梅花玉。但能出块好图案的真是少而又少了。这种石头从清代被人发现、打磨、观赏、把玩，到今天已经有了一层雅淡的包浆。使玉石毫无火气，清冷隽儒，文人气息十足。我从收集的各种老座子中，找到一个小紫檀雕花草的配上这块玉石，使之成为一件桌上文玩。

第十四章
日本明治时期象牙雕件 曹国舅 何仙姑

1991年秋季，是我赴美留学的第二年。这时我已经拿到奖学金，并担任三门课的助教，能拿一份薪水及健康保险。毕业论文还没有开题，经济上比较稳定，时间也比较充裕。礼拜六早上，按照习惯打开报纸，画定当天"车库售物"的时间、地点，就开车出去寻宝。

我上学的地方处于美国得克萨斯州西北的一个中等城市，是在德州大草原的腹地，民风淳朴，生活费用低，是个读书的好地方，但比起美国其他地方，这里却没有什么古董市场，"车库售物"则大行其道，所谓"车库售物"就是当地居民将自己不用的东西放在车库或房前的草坪上出售，事先在当地报纸登出小广告，说明地点、时间和出卖货品的内

日本明治时期象牙雕件

曹国舅　何仙姑

曹国舅牙雕高 225mm

（含座 35mm）

宽 125mm　厚 62mm

何仙姑牙雕高 235mm

（含座 35mm）

宽 125mm　厚 55mm

容。如果户主要搬家，几乎把所有的东西都卖了，包括家具、衣服、古董……等等。

我在中国时喜欢遛古玩早市和花鸟鱼市，到了美国就没有这样的市场了，只能入乡随俗，遛遛美国的"车库售物"了。刚来的时候不摸门，什么样的都去。后来精了些，知道先看报纸，看售出的内容，以及地点是否在富人区，否则去了穷人区的黑人家中，除了小孩子不能再穿的旧衣服、旧玩具，别的一无所有。选定要去的地点后，安排行车路线，以便可以在最短的时间看最多的地方。

我起了个大早，计划好路线，开始动身，夏秋时，"车库售物"往往 7：30—8：00 就开门，你如果赶不上第一拨，那还不如不去。有一

次，我 7：00 起来，7：15 就到了售物的家中，买到一个八成新的 80 年代出的半自动佳能相机，才花了 4.5 美元，结果照出的相片非常好，在照相器材二手店中，这种相机要卖 300 美元呢。这个城市是个大学城，没有什么根深蒂固的富人，但一个中国台湾籍同学说，这个地方很早以前当兵的人很多。据说在 1900 年（岁在庚子），义和拳包围使馆时，这里有一些人作为美国海军陆战

队，参加了八国联军对北京的攻击和抢掠。我想万一能找到几件当年被抢走的中国文物就好了，但跑了一年多，也没见到什么正经的中国东西。

这天我只安排了一个半小时来遛"车库售物"，因为十点钟我们钱币协会的会员们还有一次集会。第一家没什么东西，我连一分钟也没停留，和主人道谢后马上赶到第二家，第二家在一个豪华区内，三个车位的车库大开着门，里面似乎有不少人在购买。我下车走进车库，果然是豪宅之内必有精品，一些在名牌店卖 200～300 美元的时装，在这里只标 5～10 美元，而且很多东西竟是上面的标签还没取下的新品，我看中了一套 12 人份的纯银餐具，装在一个大的硬木盒中，里面不但有 12 人用的刀、叉、匙，还有 12 份茶匙、一个大汤勺和切牛排的长刀，整套要 650

美元。我想这恐怕只是折合成纯银的价钱，我看东西是纯银的，卖的也不贵，打算和户主经过一番讨价还价，把东西买走。想到这里，我到车库内角去找户主，他是一个中年男子，正在帮一个买他电视的人调试电视。我等他的时候，却发现在角落中有一个橡木玻璃展示柜，标价100美元，柜中展示着一对中国古装雕刻品，我走近一看，好漂亮的象牙雕品，是一男一女，男的官装骑虎，女的村姑打扮，骑梅花鹿。象牙好像是有些年代了，表面有一层淡黄包浆。我不敢细看，唐突地打扰正在操作电视的户主，问买展示柜是否包括里面的一对人像，他摇头说：里面是象牙雕品，要单卖的。我忙问要多少钱一对？他说，这对象牙雕件，在他小时候就有了，是他死去父亲的藏品，要卖1500美元。我倒吸了一口凉气，我一个月的助教薪水扣完税才拿到580美元。记得刚来美国求学时，租的便宜单元房，房租加水电每月才125美元，现在两室一厅的单元房，房租也才每月280美元，1500美元是我三个月的生活费呀。我几乎已经决定放弃，转回来想买那一大箱银餐具，但这两尊牙雕依旧吸引我的目光，男像三缕长髯，戴纱帽，帽正中有玉帽正，圆领官袍以一条玉带扎起，脚下厚底皂靴，右手持一双刻有七星的圭板，左手轻捻；小指上挂着一条大拂

尘，坐下高椿腿的猛虎，虎鼻、虎目、虎须、虎耳、虎舌、乃至于尖齿和排齿，无不细致传神。虎爪为四趾，虎尾上扬与纱帽接。人是仙风道骨，虎是威猛尊霸，分明是八仙中的曹国舅。再看女像，眉清目秀，鼻挺口丽，道姑一边倒的发型，内外两层袍衣。双手藏在袖中，双足藏于裙下的散腿裤脚内。背负着一柄天然荷叶状的花篮，在花篮里面放置数枚仙桃，腰系一软带，并挂一双仙桃缨结子。表情沉静，骑一长角梅花鹿，该鹿长耳向天，扭头口叼一株灵芝草，身上梅斑点点，顾盼有神。该件雕品，人是端庄秀逸，鹿是温淳雅驯，分明是八仙中的唯一女仙人——何仙姑。

这两件雕工上乘，神态、尺度、刀法极准确，我看惯了现代八仙怆俗的造型，再看这两尊牙雕，从面容到衣饰，无不交代得清清楚楚，连衣褶也贴身自然，雕此牙件者，一定是高手大师，说不定还是清宫造办处牙角作的供奉名匠。我回头去和货主讨价还价了。他见我真心想买，让了250美元，变成1250美元，我最后还想讨回50美元，对他讲，中国人不喜欢250美元这个数，这个数字是骂人的，最好是1200美元成交，听起来好听些。他还真是一根筋，认为这个数字没什么不好，你要就要，不要我自己留着，我万般无奈，只好同意他的底价，我说先给一些定金，我回去拿现金来付，他说你既然是学生，我就不怕你跑了，你付私人支票也行，我拿出支票本，给他开了1250美元，并让他抄下了驾照号码。

我一直以为是中国清代的象雕精品，说不定是买主的祖父或曾祖父参加八国联军从中国抢的呢。直到一年后，我将照片给我一个深通竹木牙角古玩的朋友看，他看了笑着说：你是歪打正着，这根本不是中国的东西，这是日本明治时期的牙雕精品，当时日本接受了西方的写实雕塑艺术，结合中国和日本的传统工艺，其手工塑造的牙雕在世界艺术品史上还占有一席之地。

第十五章
明代青白玉苏武牧羊小摆件

20世纪90年代初期，我的喜好从古钱、古铜、杂项古玩转到古玉上，以前收藏玉器只是在购买其他东西时顺便捎上几件，后来对古玉兴趣越来越大，投资也多了起来。我第一个启蒙师傅是在北京琉璃厂开店的王文斌。他一面教我如何看玉，一面卖给我一些中低档古玉。我除了向他请教，还到各省市的文物总店去学习，并买了几十本谈玉的工具书。说起来也怪，我看瓷器到今天也摸不到门径，看书画虽动手得早，也还是个二把刀，但是对古玉却上手很快，半年后就能发现王文斌兄的收藏中哪些不太对，一年后基本能看出为什么不对。而文斌兄因自视较

高，对古玩先入为主，听不得他人意见，喜欢与人争论，加上又沉溺竹战（麻将牌），对生意并不太上心操持，手中好货缺缺，我因此很长时间没有从他手中进货。

　　2003 年年末，有一天在琉璃厂遇见文斌兄，他告诉我，有一件玉是拍卖流拍的东西，想不想看，我跟随到他店中，他打开盒子取出一件小摆件玉雕，玉为和田青白玉种，油性很大，雕的是苏武牧羊，刀法纯熟、流畅，不是明中晚期就是清早期的作品。我与文斌兄做生意一直很干脆，两句话后就付钱拿货。

　　回家一分析，这只玉雕还应该是明中晚期的，因为苏武是西汉武帝时期的人，作为使节赴匈奴后被囚禁。当时汉武帝对匈奴又拉又打，但拉少打多。所以苏武被一直囚禁。匈奴乃商周荤粥（游牧族方言译音）的后裔，匈奴的氏族首领叫单于，全称方言译音为撑梨孤涂单于，意思是天之骄子。当时汉武帝借万里长城封锁匈奴，不允许铁器、铁匠、木匠、织工、医生、儒生越过长城资敌，而匈奴对汉文化以及各种工艺技术的渴望，只能寄托在被他们俘捉的汉人身上，使臣更是他们欲得之的人才，这就是苏武历经苦难，南人北投，放牧劳作，却终于保住性命，能够生还的道理。

　　清朝是满洲人的政权，清以前叫后金，满洲人就是金国女真人的后裔，也属于北方的游牧民族。汉代的匈奴也是女真人的祖先之一，因此在清代早期，政府对民间一切明里暗地的反清活动，都予以无情镇压。在顺治及康熙初年，"文字狱"就兴起过很多起。如果这时谁造出"苏武牧羊"这种玉雕，恐怕早兴起"玉之狱"了。这件苏武牧羊雕刻流畅，苏武面色沉静，茹苦若甘，挥动木枝，饲牧小羊。如果是反清复明的团体，如南明小朝廷、天地会、白莲教、天理教等所为，他们也不会刻"苏武牧羊"这种君子坦荡克己的题材，而是像八大山人朱耷那样画出翻白眼的孤鹭，或是雕出"岳母刺字"、"王佐断臂"这种激烈格调的作品。

　　明代是汉人占统治地位，明朝是夺取了元朝蒙古人的天下，但只是取得了大元版图中很小的一部分，明太祖朱元璋只是将蒙古人赶回草原，并没有消灭他们，不是这个出身平民的皇帝不想这么干，而是因为第一名将徐达和丘福两员大将两次征伐蒙古，都大败而归，几十万大军战死在大草原。到了明正统的时候，因蒙古部落瓦剌进扰，英宗宠信的司礼监掌印太监王振进计让英宗御驾亲征，随行五十万京营兵护驾，但在怀来土木堡却被瓦剌骑杀败，王振也被杀。同时内阁大学士（相当于现在的总理）曹鼎、张益，兵部尚书（相当于现在国防部长）邝某，户部尚书（相当于现在的组织部长）王佐等大批官员遇难被杀，英宗皇帝也被捉回大漠，像宋徽宗一样当了俘虏。多亏兵部侍郎（相当于现在国防部副部长）于谦，力挽狂澜，奉立英宗弟弟郕王为景泰皇帝，重用边将石亨、孙镗，用边军勤王，在正阳门、西直门及安定门大破瓦剌军，使大明转危为安。英宗却因弟弟贪恋帝位，不愿将他迎回，而在塞外被囚禁了一年，最后奉迎回国做了太上皇。到了景泰七年，景泰皇帝病重，英宗趁机复辟，重登宝座，换了个年号叫天顺。到了大权在握，内外安定以后，英宗为酬自己在大漠蒙尘的一年之苦，一面大封当时有功人员，一面引古论今，给自己除羞，他当然不敢自比雄才大略、平定匈奴的秦皇、汉武，连范仲淹、岳飞、文天祥这样的仁人重臣也不敢比，只好自比在塞外牧羊之苏武，最后荣归故乡。差文学之臣写章、写赋、歌颂苏武，算是给自己找个台阶下。正因为此，这段时期，为苏武立传褒赞的作品较多。这件玉雕小摆件，很有可能是当时的作品。我要再次感谢开蒙师傅。

第十六章
清高宗手书般若波罗密多心经

　　2005年9月，我回北京度假。在国外时，北京有一位朋友，他的女儿患免疫系统疾患，托我找位专家，我曾帮他联系了免疫内科专家为孩子诊治。这次回北京，我顺便去看望这位朋友。见到后，他说女儿病情已有好转，表示谢意。在他家闲谈时，得之有人托他卖一份乾隆御笔书法。我并没太当回事，因为在清代，春节时皇帝、皇太后都会写一些字幅，"福"、"寿"、"龙"、"虎"之类，写好后赏赐给亲贵重臣、文学侍从和封疆大吏等，有的甚至是如意馆供奉写好字样，用细沙洒成沙漏，皇帝或太后照样一描，同样是遒劲圆润。国内拍卖行书画拍卖中不

清高宗手书般若
波罗密多心经
经文 长 1300mm
宽 29mm

时出现御笔单字。虽然卖的价钱不低，但却了无新意。朋友见我不搭腔，还是出于礼貌，打开给我看了看。

这是一个册页折子，而不是轴子，打开后是红地金字，手书的《般若波罗密多心经》，结尾恭书：乾隆岁次辛酉十一月二十五日恭遇皇太后五旬万寿普天同庆，与日俱长，惟嘉祥备集于慈常信福，祐仰资乎佛力，斋心薰沐谨书三藏之文，拜手颂扬，藉效九如之祝。后面是两方印文，阴文"维精维一"，阳文"乾隆御笔"，结尾纹——泥金工笔韦陀，着重甲戴盔，一手掌于心，一手捧降魔杵。

这自然与一般御笔不同，我问价钱，朋友说卖主要美元过万。我对书画是外行，虽感觉这东西没有问题，但价钱还是高了些，我托他替我压压价，就照了张照片告辞了。

我有几个做书画生意的朋友，当我把照片给他们看时，几乎异口同

声认为应该买下，因为乾隆皇帝的书法传世虽不少，但大多数是乾隆御题（指代笔的东西）。就是标明御笔的，也可能是南书房的翰林捉的刀。只有这一篇，因为是替母亲做寿，发愿写经，不可能让臣下代笔。天子富有四海，皇太后号称天下养，应该是什么东西都不缺，皇帝所送寿礼，最重莫过于沐薰正神，亲手所书写的心经了。这篇经文后述有几处抬头，在古代文牍中，抬头是指有些字高出一格、两格，一般在科举制下，凡是称到当今皇帝的字样抬一格，当遇到皇帝列祖列宗的字样抬两格，如果不把单双抬搞明白，文章再好，有违格式也不能在乡试、会试中榜上有名，而这篇皇帝写的经文述中提到皇太后和佛祖则抬一格。作为皇帝天下无有字样能让他抬两格的。现在仿制的人懂得这种格式的人可能是少而又少了。

乾隆书法篆隶行草都有，以楷书馆阁体为多，但这篇心经是恭楷，是最耗时耗力的书法，就是在乾隆皇帝也是写得极少的字体。

另外，扉页上的描金韦陀工笔细腻，须眉俱清，可以看出如意馆供奉的功力。我又到中国书店去查历代皇帝玺印留样，找到了阴阳两方印单，丝毫不差，因此我决定还价买下这折心经。

过了两天，打电话给我的朋友，询问货主是否愿意出售，出乎意外，那个朋友说，货主非但一分钱不降，还可能再加钱，真是一碗凉水当头浇下。我只好说先等等吧。

这天有暇，查了查乾隆生平的正史、野说，正史玉牒上记载，雍正第四子名弘历，于康熙五十年八月十三日子时，为熹妃钮祜禄氏，四品典仪凌柱之女所出，但很多野史旁证，认为玉牒是改过的，原始玉牒记的是雍亲王第四子弘历为康熙五十年八月十三日子时，滕妾李氏，内务府户军营马兵李奎之女所出。后补写"李氏热河行宫女子"。正史上标明乾隆是在雍亲王府诞生，野史上是在热河避暑山庄出生。还有野史称他本姓陈，是陈阁老的儿子，出生后抱进宫内。第三种说法漏洞百出，纯属民间故事。编造者只是从乾隆赐给海宁陈家的匾额"爱日堂"推想而得出的结论，但在第一种和第二种说法中哪种可能性大呢。我是偏重相信第二种，理由是：清世宗雍正皇帝是个"讲理"的人。所谓讲理，是翻来覆去全是他一个人的理，伪造公文更是他的拿手好戏，连康熙遗命都敢更改的人、连同胞兄弟皇八子、皇九子、皇十四子的名字都敢更改的人，自己儿子的出生玉牒还有什么不敢改的。雍正作皇帝前曾随康熙多次到热河承德避暑山庄。但登基后从没有到过热河行宫，可能就是怕见到乾隆的生母——李氏宫女。事实上乾隆登基后却经常巡视热河行宫。特别是几次大寿，都不在皇宫，而在热河行宫举行盛典。很可能在康熙朝曾有旨将弘历送至熹妃处奉养。乾隆即位后，熹妃去世，乾隆将生母李氏接进北京，继续当太后。所以乾隆一有大庆大寿，首选的就是龙诞之地——承德行宫，就连乾隆七十大寿接见英国使节也在避暑山庄。

经文书写时间是辛酉年，也就是乾隆六年，当时乾隆三十岁，皇太后五十岁。乾隆孝母天下共知，现在凡游历过北京故宫珍宝馆的人，都会注意到一个巨大的赤金宝塔，就是乾隆为母装掉落的头发的。因为他觉得李氏含辛茹苦二十多年，最后也不能完全出头，实在太委屈了，所以他尽一切所能供奉太后。

乾隆一生好佛，他祖父康熙对一切宗教都持宽容态度，父亲雍正拜佛又修道，而乾隆对密宗佛教尤其偏爱。密宗又叫真言宗，是从印度传来，流行于西藏、蒙古地区的佛教，主要是吸收婆罗门教的咒术。乾隆抄写的般若波罗密多心经末尾的几句话"谒谛、谒谛、波罗谒谛，波罗

僧谒谛，菩提萨波诃"，就是有名的咒语，实际上是印度文的译音："Gate gate, Paragate, Parasamgate Bodhisvaha"，意思是"度呀，度呀，度一切众生都到彼岸，使一切众生疾速成就无上悟道佛果"，乾隆甲胄的头盔上就用金铸有古印度咒文，死后盖的经被也绣满古印度文（梵文）。

　　几经周折，最后还是我先举白旗，一分价钱没讲下来，照货主要价付钱。自己安慰自己说，现在看来挺贵，过半年一年的就不贵了。

第十七章
抗日战争时期美国空军援华飞虎队
飞行皮夹克

1990年秋季，我第二次到美国，这次时间就长了，因为是来留学攻读学位的，两三个月来，一直是满眼英文，满耳英语。有一天我在校园学生中心忽然看到一个美国白人学生穿着背后写着中文的皮夹克，不禁跟了过去，随着他走了一程，他背后的字，好像是什么美国空军，还有军民等字样。我那时还不习惯和陌生人交谈，英语对话也有些困难，眼睁睁地看这个美国青年慢慢从我视野中消失。后来问了我的一位中国台湾籍学姐，她说：在1941年的时候，美国空军组成协助抗日战争的飞虎队，你看到的是他们飞行员穿的航空夹克，所以后面写了中文。我

抗日战争时期
美国空军援华
飞虎队飞行皮
夹克

听了非常后悔，应该拉住那个学生和他谈谈，没准他的祖父辈曾在中国参加过抗日空战。如果他同意，我也愿意收购那件飞行皮夹克。

此后，我经常留意这种衣服。15 年中，我到过很多地方的老军品店、古董店、旧货店搜索过，还参观了很多枪展。可再没有见过这种皮夹克。直到 2005 年 12 月，我收到了一份古玩拍卖目录，因为那时正接近圣诞节，邮路拥挤，目录迟到了很多天，到我手中时，那边早就拍完了。我只是无意识地随便翻翻，出乎意料的是在目录内居然发现了一件飞虎队皮夹克，照片照得很好，细节也看得清清楚楚。起拍价 950 美元。

我连忙打电话给拍卖行，问这件拍品拍出去了没有。回答是溜拍了，但已列入下次拍卖中的目录。我连忙要了一份新的目录，上面的起拍价已经降到了450美元。货主说明这是一件二战期间的空军飞行皮夹克，属于A2或422A型。皮质为野羊皮，品质上乘，翻领是天然驼绒。货主是70年代获得的，他并不认识中文，所以也不知道这是驻中国飞虎队的服装。

拍卖那一天，我委托的底价定在1100美元，我想就是他的保留价950美元，也应该拿得下。拍卖结果，由于没有懂行的人在现场，我在无竞争的情况下，以450美元拿到，加上手续费、邮费等也不过500美元。

拿到这件皮夹克，我仔细观察：整体颜色是深棕色，保存得很好，翻毛皮领，铜制拉链，胸前姓名牌为维特（W.J.Vetter）；胸前缝制一个手工染色皮标志，一只老虎头戴美国星条高帽钻进青天白日之中，将一架染着太阳旗的日本飞机，撕成两半；右袖上是戴翅膊的红心五星，是美国空军标志；左袖上是美国和当时国民政府共颁的袖标，一边是白五星，一边是青天白日徽。肩标是空军少尉衔；背后有一个大标志，是彩染印在白色尼龙降落伞白布上，再加绒衬，缝制在皮夹克背后，上半

部是青天白日满地红的"中华民国
国旗"。该旗是革命先烈陆皓东设
计的同盟会旗，后作为民国国旗，
下方印着："美国空军 来华助战 仰
我军民 一体救护 国民政府航空委
员会 备用2059号"字样，还有中
国政府航空委员会长方形红色关防
印文。

后来我才知道，当时中国国民政府航空委员会主任委员就是蒋介石
夫人——宋美龄。

得到了这件飞行皮夹克，少不得对飞虎队资料探索一番。飞虎队的
创始人是美国空军陈纳德，1937年"七七事变"（卢沟桥事变）抗日战
争拉开序幕。陈纳德访华时，在南京城外亲眼看见日本空军向没有防卫
的居民、学校、医院、商店投弹，大肆杀害老百姓，他认为日本军阀的
战争是侵略性的，是最不人道的。当蒋介石夫人宋美龄请他回美国组织
空军志愿队来华助战时，他马上答应下来，并着手计划。但当时美国还
在保持中立，白宫和国会都不愿陷入中日战争。陈纳德的好友葛格仑律
师是美国总统罗斯福的心腹，他对这个计划表示认同，并且向罗斯福总
统提出建议。对于日本帝国主义的危险性和侵略性，罗斯福总统认识得
比较早。20世纪初，日俄战争爆发，日本获胜，俄国在中国的占领地被
日本占据，美国出面调停，日俄签订朴次茅茨条约。但日本国内因认为
美国偏袒俄国，条约对日本战胜这一事实而得到的好处太少，在日本国

内竟发生大规模暴动，之后的日子里，日本军阀势力越来越大，他们积压了几十年的这口怨气早晚有爆发的时候。日美冲突在所难免，因此在远东布置一招闲棋，倒是一个高招。所以罗斯福总统在未对日本宣战时，就已批准组织美国空军志愿队赴华参战，并给予武器及飞机的协助。

经过几次挫折，"飞虎队"终于在1940年初成立，陈纳德任队长。集中在缅甸集训。1940年12月8日，日本偷袭美国的海军港口——珍珠港，日美战争终于爆发。美国志愿空军飞虎队也正好训练结束，于1941年年初正式参加了对日作战。在与中国空军协作中，击落了许多架日本飞机。后来飞虎队改编成美国空军第十四航空队，由陈纳德将军指挥，飞机弹药等得到更充分的供给。

有资料显示：第十四航空队在1942年7月4日～1944年9月30日，在空战中击落日机1023架，击伤516架；空军地面高炮击落日机7架；空袭日军机场时，摧毁在停机坪和跑道上的日机357架；击毁总数为1385架，击伤625架。海战中炸沉百英尺以上日本舰只317只（709639

吨），重创 103 只（300350 吨），炸伤 206 只（410300 吨）；炸沉百英尺以下的日舰 2260 只，重创 365 只，炸伤 7315 只；炸沉日本海军大型军舰 17 只，重创 13 只，炸伤 19 只。陆战方面，在 1944 年 6 月到 9 月底，飞虎队消灭日本陆军 24479 人，战马 6122 匹。

飞虎队在空战中，损伤战机 105 架。飞虎队员的飞行夹克上大大的中文标志，是为了便于华人及时救援。其实不仅飞虎队员有中文标志，据记载，美军 B25 重型轰炸机 16 架，由中校杜立德率领，从大黄蜂号航空母舰出发，自东京东南方切入，攻击了东京、横滨、长崎、名古屋、神户等地，这是东京首次被轰炸，美机脱离战斗后因油料不足，无法返回航空母舰，在浙江的衢州迫降或跳伞，其中 16 人降落在中国的沦陷区，落在日本人手中，另外 64 个飞行员，凭借背后的中文呼救标志，被抗日军民救到安全地带。

2005 年 9 月 3 日，中国国家主席胡锦涛亲自为抗日老英雄王光复授勋，王光复先生和笔者同在美国达拉斯定居，他是王光英和王光美的兄长，在抗日战争中，共击落日机 8 架半，其中半架就是和一位美国飞虎队员一起打下来的。

2005 年 12 月 8 日，正好是日本偷袭珍珠港 65 周年，我也是正好在这一天得到这件美国援华空军志愿队的飞行夹克。它铭记着中美两国当年并肩抗击法西斯的故事。

第十八章
秦汉错金银青铜虎席镇

这只青铜错金老虎首次在北京出现是在天桥福长街六条古玩市场。论起北京的古玩行里人，都有入行的时间、地点，其论资排辈不亚于看干部要看什么时期参加革命。最早当然是新中国成立前就在古玩行里那批人，到新中国成立后也基本没放下，改革开放后重获青春，这些人是这行里的顶梁柱，如孙会元先生、耿宝昌先生等，相当于前清就立法变革的康有为、梁启超等立宪派。这些人改革开放后年纪最小的也60岁开外了。

其次是在70年代末期，有些人已觉察到文物之珍贵，他们在国家文物收购点门外，或者委托商店门口、邮票公司门口蹲班的一批人，等送

秦汉错金银青
铜虎席镇
高 86mm
宽 72mm
厚 50mm

货寄卖的客人一到，上前搭话套瓷，将人家送给公家店中的古玩撬走。他们之间也互通有无，相互买卖。这批人神出鬼没，处在一种地下状态，相当于"未成立民国政府的同盟会"组织。

后来则是1980年到1982年，北京成立了几处花鸟鱼市，如官园花鸟鱼市、宣武公园花鸟鱼市、龙潭湖鸟市等，这些地方有正式营业摊位，除了卖花鸟鱼虫、鸟具、虫具外，一些古玩也上了摊位。半公开的出售，一批人专门到这些鸟市上寻摸古玩，处于一种半公开的状态。相当于"保定讲武学堂"或"日本陆军大学"。

再后来，就是北京第一个文物流动自由市场，1983年秋季开张的天桥福长街6条旧货市场。由于地点适中，又是公开市场，带起来一批人投入古玩行业，这个时期入行的应该称为"黄浦一期"。

　　随后的 1984 年春季，天桥文物市场被取缔，这批人被赶到长椿街自由市场西面，形成了一个规模更大的文物市场，由于该地交通方便，紧临二环，摊位固定，有永久性铁柜台，一下又招收了大批新人入行。这时期应称为"黄浦二期"。

　　以后的两年多时间，长椿街古玩市场知名度越来越大，许多外地同行也知道了这个地方，连倒外汇的也不时到这上货下货。工商和公安联合查抄过两次，最终将人抄散了。一部分人跑到龙潭湖东门摆地摊，一部分人到二七剧场邮票分公司，后又挪到小花园，同样一些住得离市场近的人也加入了这一行列，这批人应属"黄浦三期"。

　　随着时间的推移，在 20 世纪 90 年代初，出现了白桥、红桥古文物市场，这时入行的称"黄浦四期"、"黄浦五期"。在后海土山上的文物早市也曾红火过一阵，可称"黄浦六期"，以此类推。直到出现潘家园古玩早市的前身——华威立交桥下的古玩早市，应该被划为"黄浦末期"。

　　20 世纪 90 年代前期，在北京琉璃厂出现了古玩一条街，允许私人经营，海王村中国书店被开发成古玩商城，劲松也成立了一排活动房古玩店，这时开古玩店或入行玩古玩的可称为抗战时期入行。北京古玩城的建成使用，使古玩行业进一步企业化、集团化。中国的香港和台湾地区以及海外古玩商都纷纷投资古玩商店，形成了一个文物收藏的大气

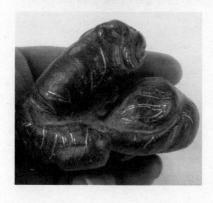

候，可称为"解放时期"。

在90年代后期以及千禧年后入行的只能称"古玩新人"。

扯了那么远，还是回到天桥福长街旧货市场吧。我是1981年在官园花鸟鱼市上入的行，间或也去邮票公司、宣武公园、龙潭湖转转。等到天桥旧货市场开张时，我已入行两年多了。福长街是我首次摆地摊的地方，那时我在北京医科大学读三年级。每周找一个没有实验的下午跑天桥，当然星期天一早就到的。当时展开一张报纸，将文物杂项摆出来，自己找块砖头再盖张报纸坐着等买主。一张报纸的地方收管理费伍角。我在买卖中认识了很多行里人，其中不少人现在都是有字有号的大古玩商了。

我因为买多卖少，有好东西总想留在手中，所以经济上一直不富裕，买东西缩手缩脚，有一次一个人拿来一块大块鸡血石摆件，有一掌半大，一面居然全布满血红，另一面80%有血，要价50元，我当时兜里只有20元，人家20元就是不卖，眼睁睁看着人家包上石头走人，这块石头现在也该值2万元吧。

我行内师哥吴锦荣就不一样了，他那时在行里是亨字辈大哥，我是小字辈，他买东西大出大进，想起来那个老农把青铜老虎给他看也是有道理的。他当时买这件青铜虎是花了1500元的天价，相当于当时一个技术工人四年的工资。在随后的二十多年里，有几次行里人要买，都因老吴报价太高而未成交。

老吴后来给我看了这只虎，四足及尾部盘起，身子团成一个盘龙状，但头部昂起，工艺用的是最讲究的错金银线方法，就是先手工在虎身上开槽，再在槽中镶入金银线，再用锤子打平。这种工艺非高档铜器不用。青铜虎是有些半熟坑了，但局部的红斑绿锈俱在，错金银也大多完好。老吴一直称是战国铜虎，但我感觉还是秦汉的。秦朝和汉初喜用粗金银线，造型也很别致，应属于席镇一类。汉代及以前古人不是坐在椅上，睡在床上，而是席地而坐，席地而卧，铺一张席子就坐上，不坐

卧时就将席子卷起，人就可以穿靴走了。席子放下后要用重物压住，这才有了青铜镇、石镇。当然这只错金银虎镇档次极高，非高官显贵不能用。

2005 年冬日，吴师哥有意出让，但不对脾气的还不卖，不愿招人笑话。我因肖虎，吴师哥倒是愿意让给我，他不要钱，我用一块在美国拍卖中买到的一块7针8盘6两重的18K 金摩凡陀特制的古董表换走了这只我想了很多年的虎镇。

第十九章
秦代云雷谷纹玉磬残件

2001年，北京琉璃厂马先生出门回来，我看他买回的东西中有一件玉残片。虽然俗话说：宁为玉碎，不为瓦全。可是玉碎之后残片并不值钱，但这块残片确实与众不同，首先是块大，差不多有大半个手掌大，其次是厚，居然有近两厘米厚，比一般的玉璧厚出一倍有余。整体呈鸡骨白色，但由于玉质极佳，磨工道地，出土后仍带一层玻璃光，雕工美轮美奂。我立即不还价便买下。马先生说，这是人家从阿房宫废墟中发现的，是秦代的大玉璧残件，可惜残了，不然是国宝级的东西。

这件玉残片的纹饰是典型的勾云纹和谷纹，做工讲究，谷纹凸出的

秦代云雷谷
纹玉磬残件
最长 120mm
最宽 66mm
厚 17mm

程度很高，地子也磨得很平。显然是经过烤烧，又入土了很长时间，玉
质极佳，即使经过火烧碱水，手感还是很沉，入土后有一些朱砂浸进玉
中，有两块非常美丽的胭脂红沁色。最与众不同的是其外角及隔线内角
分明，也就是说它不是一件圆形物件，而是一件棱角分明的玉器。它不
是圆形玉璧，很可能是一件玉磬的残件。这件整体玉磬就应该宽过一米
了，当然是件国宝。一般玉磬是为了鸣乐之用，一般不刻纹饰，或只有
极少阴文，但这件穷工细刻的纹饰却说明它并非乐器，而是祭祀礼器。
勾云纹代表祭天，风调雨顺；谷纹代表祭地，五谷丰登。这是自西周以来玉器经常镌刻的内容。谈到秦代玉器，几乎是一个空白，因为秦虽强大，传只二世，统一后的秦朝只存在了14年。前有战国，后有西汉，都是玉器发展的重要时期，秦朝的玉器，只发现有一些品质极低的青玉人殉葬品和一些剑饰等。秦朝是中国第一个统一的中央集权帝国，皇帝的权力是至高无上的，前无古人，后无来者。秦国是一个法治国家，臣民分二十等爵位。皇帝拥有无可比拟的地位。他可集七国的能工巧匠制作金器、银器、青铜器、玉器、石器、陶器、木器。所以秦朝的玉一定有绝美出色的器物，起码要比前朝春秋曾侯乙，后朝西汉越王赵眜、中山靖王刘胜时期出土的玉器精品要强上一筹。

一个偶然的机会，马先生介绍我认识了出卖这块玉磬残片的两个河南平顶山人，他们是做了多年的古玉行商人。他们说这块玉片是购自陕西咸阳的当地玉贩手中，当地玉贩说他们是在当地居民中收集来的，据称是早年在阿房宫废墟上得到的。

阿房宫的故事我们都知道，所谓三步一楼，五步一阁，各抱地势，钩心斗角。数不清几千万落的三百里阿房宫，传说阿房宫是古代宫廷园林的绝顶建筑，莫非这块玉是那里的？

我搜集了一些资料，也反复查看了这块古玉，最后认为有三个可能性。

可能性一，这块玉是秦王朝的标准祭祀神器，在秦灭于西楚时，被项羽火烧三百里阿房宫，将置于宫中的珍宝一并烧毁，这是其中的一件残片，在废墟中藏身两千年后被发掘。这个假设最符合民间传说，但实际的考古资料却是：秦始皇的三大工程——万里长城、骊山皇陵和阿房

宫，都花去大量的人力、物力，秦始皇曾让降卒、民工、罪囚七十万人修建阿房宫，尚未建成就病死在途中。秦二世胡亥即位后，将修阿房宫的人工撤出，以加快骊山始皇陵的修建，所以直到秦朝灭亡，阿房宫尚未完工，在今天阿房宫的夯土地基部分，未察觉有被焚烧的痕迹，更何况这样的礼祀大玉根本不会放入未建成的阿房宫中。我认为这一种可能性基本不存在。

可能性二，这件宫廷礼玉磬一直放在秦国的宫殿咸阳宫中。自项羽破釜沉舟击破从南北回师的疲惫秦军主力，随即进军秦国国都咸阳。秦在七国争雄中，伐楚为重，因楚人顽强，所以秦破楚后，非常残暴地对待楚国的房子及亡国军民，焚庙宇，毁神器，但也留下了"楚虽七户，亡秦必楚"的箴言。项羽也是以彼之道，还治彼身，放火烧掉了秦宫咸阳宫，使秦宫内的国宝玉器一同遭劫，一部分被烧毁、击碎后埋入土中，两千年后，此残片重见天日。这种假设有一定道理，但也有说不通之处，因为先是刘邦进关中，接受了秦子婴的投降，秦国珍宝尽属沛公。虽然他将珍宝典籍造册送交项羽，但汉军还是将其中上品搜罗了不少，像这件精品玉磬应属据为己有之类，不会轻易送给项羽。退一步说，就是送

给项羽，以西楚霸王项羽的性格，也不会轻易将这件国宝毁掉。史书称
项羽勇敢、热情、有王者风度，他的短处是小气、贪财，不舍得将爵位
和财富赐给部下，所以拢不住人心，以至于像韩信、陈平这样的人才被
汉王收走。照此推论，他即使烧掉了秦咸阳宫殿，也会将秦国珍宝掠夺
一空的。我认为这第二种可能性很小。

可能性三，这块玉磬残片是来自骊山秦始皇陵或周围的随葬祭祀
坑。古人陪葬东西有两种方式，一种是完整地放在墓主人身旁，另一种
是将祭祀品打碎破坏，或焚烧掉。秦朝的随葬多半是后一种，因为从中
挖掘出的大批秦兵马俑陪葬坑，曾经被焚烧过，而且焚烧前经过系统性

的人为破坏，以至于绝大多数的兵马俑都是身首分离的。在不远处的珍禽异兽坑中也是如此。人工破坏后又遭火焚，有人怀疑是项羽为报国仇而干的。但兵马俑坑内的大批精良兵器，以及珍禽异兽坑中的各种黄金配件全部未经劫掠。看来不像是项羽所为。这块玉的角上有明显的重刀大斧砍削的痕迹，不是意外被砸后焚烧的。

秦人一定有一种严格的陪葬祭祀制度，秦始皇死后，二世胡亥用所有未生育的宫妃做活人殉葬，而且杀了所有的知情工匠作为殉人。在他们的心中，对随葬的珍宝进行破坏性祭祀，并焚烧掉，这些宝物才能随着始皇上天。秦皇陵是极少数至今仍保存完好的陵墓，其原因除了它修建得异常坚固外，就是秦人的燔祭制度。楚霸王项羽，统一后的汉朝，以及北匈奴的后裔党项北魏，他们都是秦人的世仇，如果秦陵中的珍宝无数，即使坚固也挡不住以国家的名义公开挖掘。他们一定知道秦人的随葬祭祀制度，才不花这么多人力物力来挖掘。这块玉很可能是祭祀品中的一件重要物件，被有计划地砸碎、燔烧、埋葬。最后由于种种意外可能，从主墓或陪葬坑中被发掘、流传。所以我认为这第三种可能性最大。

如果这第三种假设成立的话，有朝一日，当打开骊山秦始皇陵后，会发现大批奇珍异宝，但都被毁坏、焚烧，只剩下可修复或不可修复的大批残片。

第二十章
宋代玉鸠首杖

这件玉鸠首杖是至今为止，我在潘家园旧货市场捡到的最好的漏。

那是1996年，当时旧货地摊已逐步合法化，规模也越来越大，但假货却成几何级数增长，基本上看不到什么好东西了。而懂行的人却又越来越多。好的古玩在地摊上极少见，同好会面谈起古玩地摊，都很无奈于"今不如昔，狼多肉少"。但仍有很多人十分执著，到了摊期，半夜4点就到了，打着手电筒挑货。我是8点多才起床，到那里已经9点多了，那时人已经很多。我也就不抱太大希望，随便遛遛，走到靠东边的几个临时摊位看看，有个摊位上乱摆了一些铜器、瓷器，我认出一些

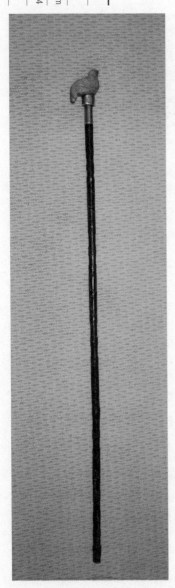

宋代玉鸠首杖
全杖长 910mm
连接银托长 55mm
玉鸠首为 58 × 54
× 30mm

铜器是真的，但已经残破了，没有收藏价值。再看一眼摊主脚下，横置一只细手杖，古色古香的，看起来不错，我示意他取过来，摊主是夫妻档，老公照看其他东西，太太紧盯住这支手杖，表示重视。我拿起来看时，硬木杆，玉鸟杖首，鎏金银包连配件，全是原配作。只是玉鸟表面一层黑泥，看不出做工线条。我用手将黑泥搓去部分看看内部，一般说来，真的古玩浑身泥土的不多。反倒是伪品多用假锈、老泥来伪装做工。我直到这时还不能肯定是否真品。直到看到了部分褐色土沁，才抬头问价钱，因为要再看下去的话，想要一万也变两万，谁让你爱不释手呢？他一开口："这东西好，杖首很老，少3000不卖"，我一块石头先落地。要价很低，看来是不懂行情。我先不忙还价，又仔细观看杖首。这时我的一位朋友，在琉璃厂开店的赵国效先生看到我，过来打招呼。看我拿着这根手杖，便对我说："这条手杖一大早就摆在这，不少人看过

了"，言下之意是这根杖有可能是伪品，提醒我不要上当。但看我听了他的话，还是反复摆弄杖首，不禁也定睛细看。我轻轻用指头点一点露出褐黄色土沁的杖首部分。他看后不禁低声说："说不定是真的！"说完便悄然离开。这就是古玩行里懂规矩的做法了。别人有买卖，不能当面大称大赞，因为卖主就会乘机提价；也不能在旁边一个劲地盯着看，这样卖主就知道这是好东西，说不定出什么花样。赵先生说话注意不让别人听见，说完转身就走，表示按行规办事，绝不搅局。在古玩行这就是属于高品格了。

我还的第一口价是1500元，在古玩摊一般给够一半就表示是真买主。卖主有点动心，但还是不卖。我这时不敢盲目加价，只是强调东西的缺点，当然有些话不能说得太内行，如玉鸟雕得太简单，工不细（其实明清的工才细，这玉鸠首杖工细就不对了），玉颜色不够白，木杖花纹一看就知时候晚等等。表示出一副可要可不要的样子，平时还可以放下东西回头就走，相信卖主还会把你喊住，这次我可不敢这样做，如果一放到地上，马上来个人拿起来，就因小失大了。卖主看大半个上午过去了，也没人给价。所以也不太死气白赖地要价了，最后以1700元买到手。记得买到手后，正遇另一个开古玩店的徐大爷，他因腿部工伤，退职经营葫芦，招牌叫葫芦徐，因行动不便，长年柱手杖，我们爷俩每人扶一杖，相伴遛地摊的情景，十年过去，仍如同昨日。

回家后我将杖首洗净，果然美丽典雅，磨工明快，沁色悦目。我对照一些参考图书和其他资料，发现这个杖首并非是汉代的，而是宋代的玉鸠杖首。而木杖是老红木雕梅花（干枝梅），鎏金银配件与木杖都是明末清初的风格，杖首曾入过土，看来是出土后，明末清初时配成完整的鸠首杖。

一个月后，有一个朋友见了，赞不绝口，一连两个星期找我，要我出让，我因鸠杖首不够汉代，兴趣大减，加上他给我的价钱也让我动心，最后经不起他的软磨，以2500美元让给了他。我想以后我还能得一件更好的，但十年来，非但没有得到一件汉代的玉鸠杖首，连宋代的也没看见。这时才想到这种品种，真品一定不多，就是美国首都华盛顿的大博物馆（史密斯松尼博物馆）收藏的宋代玉鸠杖首都是件老提油（指过去用人工加的颜色），实在是后悔不已，只得以其人之道，还治其人之身。这次轮到我去磨那个朋友了，差不多磨了半年，承他开恩，我以5000美元收回那件玉鸠首杖。旧伴新归，让我兴奋好几天，每当看到这件鸠首杖，都是越看越爱，因为杖首各图录偶尔记之，而完整的玉鸠首杖恐怕已经是凤毛麟角了。

全杖长910mm，尾部为铁制，杖杆为老红木，雕干枝梅花。连接银托长55mm，为银制鎏金，部分鎏金磨掉。玉鸠首为58mm × 54mm × 30mm，青玉褐黄土沁，有牛毛纹。

第二十一章
清代岳恒制错银诗文铜墨水匣

　　这是一个椭圆形墨水匣,材质为精炼的紫铜,上面用银错出诗文和梅花连环图案,诗文书法像王羲之的风格,华美洒脱且中规中矩。上有"己亥新秋述古"字样,铜墨水匣使用年代不久。在乾嘉庆年间,因参加秋闱(乡试)、春闱(会试)的举监生员(举人、监生、秀才)要背井离乡到省城贡院及北京贡院应试。一进贡院从点名接卷到完卷出贡院中间需要三天时间,每个考生有一个小隔间,地方极小,除了放上一张号板就没什么地方了。号板白天当写字台写卷子、吃饭(北方人吃面食干粮,南方人吃泡炒米),晚上把板上东西撤掉当床板,蜷着腿睡一会。

所以号板上什么都有，笔、墨、纸、砚、考题、烛火、茶壶、茶碗、饭碗、食品……等等。地方局促，一不小心翻了砚台，或衣袖带过，都能将试卷弄污。在科举之时污了卷子是头等厄运。为了防止作弊，卷子发出，绝不许更换，错了一两个字，还可以从考篮中拿出小纸条、剪刀、糨糊打个补丁，要是污了一大片，就绝无办法了。出闱之后，过上几天，先贴蓝榜，蓝榜是白纸上用蓝笔填写的人名籍贯。上了蓝榜并不是中了试，而是因为格式不对，避讳不察，单双抬用之不当（写当今皇上需写上一格叫单抬，写到皇祖皇宗要抬高两格叫双抬）或是错字连篇、书法

极差、卷不清洁（墨洒在卷上如泼墨山水），尽管考生胸中锦绣，落笔生花，字字珠玑，只要犯了以上错误，上了蓝榜的考生试卷，房官连看都不会看下去，更不要说荐卷子给主考官了（行话叫出了房走岔道了）。只要名列蓝榜，就用不着呆在客店旅舍等候报子佳音，而是打道回府，三年后再卷土重来。

　　中国人生性聪明，有人想出高招，不再带砚台墨块，取夫人化妆用官粉盒，放上丝棉，装上磨好的墨浆，带入考场。这种墨水匣的雏形刚一出世就大受欢迎，其一，墨汁在丝棉中倾斜也不会流出污了试卷；其二，可以节省磨墨的时间，能多想多写；其三，避免因磨墨而使墨点横飞落到卷上或衣服上。还有一个额外的收获是夫人粉盒被征用后可以少擦点官粉，清代官粉含铅极高，擦在脸上当时很白，日久天长，因铅中毒反过来脸色又黑又暗，少擦或不擦可避免铅中毒。

　　铜墨水匣开始问市，在清中晚期到民国早期非常盛行，当时有名的刻铜名家有陈寅生、张樾丞、张少丞等。我曾看见过铜刻全篇孙中山遗训的大墨水匣，因索价过高未获。

　　我这只墨水匣是从美国休士敦的王清临先生处购到。王先生是经营中国古玩的古玩商，已经退休。我到他家是为了买一只鹤顶红雕刻品，无意中看到这只墨水匣，他用来装鼻烟壶，问他盒子卖不卖，他索价300美元。我购买后说这只盒子应该是清末或民国的，王先生说应该是清代的。我回来查年谱，墨水匣上错银有"己亥新秋"字样，应该是1899年，即大清德宗景皇帝（光绪）二十五年。墨水匣的底部有岳恒二字印迹，当属刻铜者的姓名。该错银技术卓绝，笔画粗细有致，面如镜平，经过时日，包浆美轮美奂。后来我到云南昆明，在一家古玩店中，看到一件同样工艺的铜器，店铺主人告诉我，这种工艺是云南本地所创，称为乌铜走银，岳家是制作这类东西的泰斗，岳恒是家族中的高手，从业在清晚期到民国早期。

第二十二章
清代老种翠玉手镯

这件手镯是在 1999 年购于北京琉璃厂马先生处，马先生自京东农村收购而来，因为曾经入过土，所以变得干干的，被人涂上一层油后，倒是不干涩了，但是闪着一层贼光。买到后回家第一件事就是用软纸沾热水将这层油光完全擦掉，再用干布将水完全擦掉，如果不把水擦干，水中的矿物质附着货物在玉上，会形成一层白色斑痕层。擦干水后再用手盘上几个小时，感觉就不同了，在阳光下仔细看可以发现手镯上有很多入过土的痕迹，如遍体不均匀地布满土咬斑点及极细小的金丝沁，盘起来因为有一些凹凸不平而手感极佳。盘过几天后绿色就变得明显了许

清代老种翠玉
手镯
外径 84mm
内径 65mm

多，质地也变得润泽通透了，用灯照着看有80%的部分都呈现绿色。只是照相技术有限，照不出这种效果来。

　　翡翠本非中国特产，全世界只有缅甸产的老种翠玉为最上。清代中期自帝王起至官商百姓，都一窝蜂地抢购翠玉，所以自清代至民国，中国是最大的翡翠消费地。翡是黄色，翠是绿色，翡只是衬托，翠是决定品质的因素，翡翠不比古玉，因为它年代不很久远，决定价格的是其品种、质地和颜色。虽然都是翡翠，种类不同，价格则差着百万倍，也就是说任何人都能戴上个翠玉镯子，平民百姓可到地摊花上人民币10元、20元就能买上个大白瓜（石质，白色无绿）翠镯，还是纯天然的。但是一只玻璃地高绿或黄杨绿的翠镯价格可达天价。爱翠、藏翠嗜好不下于慈禧皇太后的蒋介石夫人宋美龄,百岁寿诞时手戴的一只高绿一口气的翠镯,行家估价在 200 万美元以上。

笔者有一表姨,为笔者外公姐姐的女儿,她父亲是蒋介石的侍卫主任高凌柏,表姨是经蒋夫人撮合与蒋夫人的一个侍从成亲,蒋夫人出资让表姨父在美国学的医科,学成后在美行医,宋美龄在美国纽约长岛居住时,表姨夫也常去长岛为其诊病。有一次,表姨看见蒋夫人戴着一对高绿的翠玉耳坠,顺口说:"夫人的耳坠好漂亮",蒋夫人当即摘下相赠。

我买到的这只手镯其成色当然不能与蒋夫人的藏品同日而语,但因为愈盘愈美,我还是视为珍品,只是圈口太大,连我都可以进四指,我所认识的女士无一人能戴。中国北部地方发现的明清白玉、翠玉手镯圈口大的居多,由此看来古人比现代人手要大一些。我分析其原因:一方面是限于当时的社会发展水准,手工劳作较多;另一方面是中国北方土壤严重缺硒,而人体缺乏微量元素硒,会导致手足关节变大,当然也只能戴较大的手镯了。

这只手镯上有一些黑斑,仔细看来,不是黑色而是深绿色,而唯有铬在一定成分范围内能够产生让人赏心悦目的绿色。过少则没有什么艳色,过多又会呈黑色。我曾向一位资深珠宝玉器行的前辈请教,他说如果想把黑色凝块从翠玉中除去,也有办法:就是在山里红(山楂)上市的时候,买上几十斤的熟红果,因为那时候红果便宜,稍微有点烂也不怕,切成大块在铁锅中,加少量水,用微火熬,等熬到全烂成为糊状时,将翠玉放进锅内,将火收小,继续熬炼,并用筷子不停的搅拌,使之不凝不糊，温度控制在60℃～70℃即可。等这一锅水分已干，快变成固体时，将翠玉拿出，将锅中的残渣倒掉，加入新红果块，如此往复七八回，翠玉也在锅里和山楂浆水一起煎熬了几个小时，那时山楂中果酸、鞣酸就慢慢地溶进翠玉，将翠玉的黑色部分（实际是深绿部分）溶开，使其从深绿色变成俏绿色，到此就完工了，用油再盘上几天就能卖个好价钱。他告诉我这是老玉器行手艺人的看家招数，是赚钱养家的本领，一般是不外传的。但经过山楂煮过的翠玉就好像大病一场，虽然看着漂亮，但外强中干，本质已受影响，质地变松软，易断易碎，光泽也大不如前。

现代的商家、厂家就不再用这种作坊式的办法来除黑斑，他们直接用强酸来溶，用不了几分钟，黑斑就被溶掉，当然翠玉本质会受到严重破坏。为此他们又将胶注入翠玉中，免得太易破碎。这一现代技术称为B方法。处理过的翠玉叫B货。还有一种C处理，将颜色（绿色、黄色、紫色、红色）用化学染色或镭射技术打入翠玉，经这种处理的叫做C货。一般地摊上和一些不规范玉店中出售的都是B＋C新货。

我买的这只，虽有一些黑点，但好歹是没被古人或现代人动过手，没做过整容手术，所以还可以感受它的原始风采。

第二十三章
清代广东象牙雕花人物扁方盒

　　这只象牙扁盒是我 2005 年 3 月从美国 Skowhegoan，Maine 的一个小古玩商手中购得。他告诉我这一个牙盒过去属于居住在 Sherman Maine 的 J.W.Coldwell 所有，在象牙盒与盖的结合边缘上有用铅笔写的"J.W.Coldwell sherman Me，A great battle leader in the civil war"（原意是在 Sherman，Maine.的 J.W.Coldwell 是美国南北战争中伟大的前线指挥官）。后面还有一行字"Capt B．Will want the work and send for it."（原意是 B 上校喜欢这个盒子，所以要送给他）。盒长 3.75 英寸，宽 2.25 英寸。为三层缕浮雕，共有 31 个人之

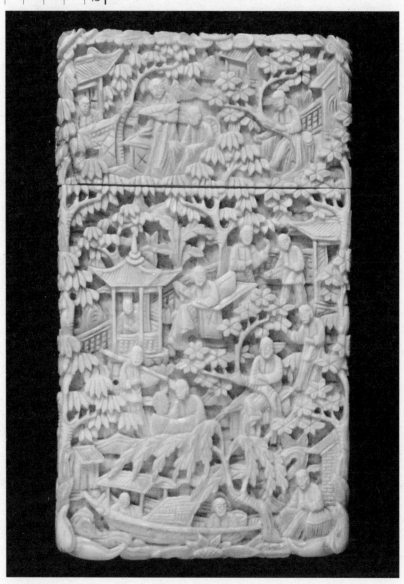

多，均着清代服饰，一部分着长衫为文人骚客，作读书、散步、休闲、摇扇状。一部分着短打扮，是劳动者，作打伞、送货、挑担、摇船状。背景是庭院、街道、码头近郊，并有大量树木、花草、亭台楼阁、山石、小桥、篷船等景物。雕工极精致，是清代中晚期的风格。有趣的是雕刻的 31 位人物，均属男性，每人都是头上开了月亮门（清代发型，将前面的头发剃光，后面留辫子）。这说明在清代妇女是不能随便走上街头的，在大街上一眼望去，定全是男士。

象牙因为年代久远，已经发黄，盖子右下角有一点裂纹。考证后，确认是广东清代为出口所制的牙雕。后落入美国人 J.W.Coldwell 手中，当做名片盒用，他带着这个盒子参加了著名的解放黑奴的美国南北战争（时年为 1864～1868 年，正是中国同治三年到同治七年）。没想到事隔一百多年又回到我这个中国人手中。

第二十四章
清代翡翠玉扳指

　　这里有两枚翠玉老扳指，大的一枚是满绿带黄丝沁纹，只是地子不太好，是瓷地。1983年冬天我在北京天桥福长街六条古玩一条街上，从一个卖杂项古玩的摊位上买到的，当时买得很便宜，大约人民币15元左右，20多年后，非万元莫办了。小的一枚是有几条很漂亮的菠菜嫩绿，地子很好是玉底近冰种，用灯光照射时质色非常美丽。它是我1995年在美国的一次首饰秀中意外发现的，那个首饰商管它叫"中国式的大戒指"，要价200美元，还价150美元，最终以175美元成交。

　　请看如此一大一小两个扳指，是否一个是乾装（男用），一个是坤

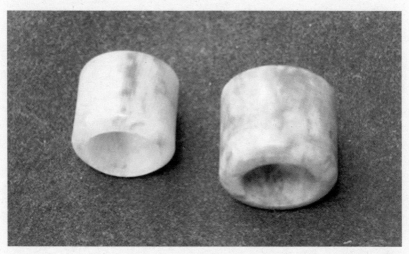

装（女用），答案是否定的，因为扳指原来是男人的专利品，先是为了拉弓射箭用于拉弓弦的，后来，作为男人的装饰品了。这两枚大小虽不同，但是内圈口却差不多，小的一只还略为圈口大些。

"文化大革命"期间，红卫兵开展破"四旧"，立"四新"的运动，将传世的古玩字画砸毁无数不说，连坟墓中的随葬品也不放过。

在北京地区，皇帝老子的明十三陵、清东陵、清西陵都有国家武装保护，没法去砸毁，就去挖了两个清末名人的坟墓，一个是荣禄，一个是李莲英，巧的是两个坟墓各出一枚翠扳指。这些红卫兵倒是都很大公

无私，没有顺手牵羊袖入自己衣兜，最后全由文物管理部门收库保管。荣禄的一只是俏色菠菜绿加紫罗兰雕荷塘秋色，用紫色雕荷花，用绿色雕荷叶，用白色衬底作为湖水，意境高雅。李莲英的一只是高绿无雕工素扳指。以价值而言，太子太师、文华殿大学士、军机领班大臣、直隶总督、北洋大臣荣禄荣中堂的那俏色扳指，十只也换不了太监李莲英的那一只素扳指。李总管那只，行家称为高绿一口气冰种玻璃地，无疵无斑，颜色均匀。

要说李莲英不过是个太监，而且最高职位是宁寿宫（慈禧寝宫）太监总管，连宫中的大总管都没当成（敬事房总管太监）。凭什么他会有这样价值连城的宝物。其实这只扳指还大有来历。明代太监与清代太监的地位真可谓一个天上，一个地下。明代自刚丙老爷（即三宝太监郑和，后被明代太监奉为祖师爷）在永乐年深受明成祖朱棣的信任，曾带几万人七下西洋，寻找建文皇帝，远达非洲，为大明朝立下汗马功劳。明中晚期太监势力更大，如刘瑾、王振、魏忠贤、曹化淳、王德化等。太监可以到军队做监军，太监可以有特务组织东厂、西厂。有人说大明朝有一半丧于太监之手，这话也有一定道理。到了清代，事情可就大不相同了。清朝总结明朝的灭亡原因，从立朝起就对太监加以管束。顺治皇帝撤了太监的十三衙门。康熙皇帝说：太监下贱。雍正皇帝立铁牌书：内臣议国事者斩。乾隆皇帝将太监的姓改为姓秦、姓赵、姓高，是要提醒人们不要忘了秦代的乱国太监赵高。到了清代晚期，对祖制不那么严格遵守了，如慈禧皇太后破格赏李莲英二品红顶戴（太监最高只能到四品）。

李莲英是青年净身成为太监，所以比那些幼童时入宫的太监世故得多。现在有人说李莲英专权，实际是慈禧的高参，其实慈禧不会和一个太监商量国家要事。李莲英也没生豹子胆，敢来干预朝政。只不过是他会侍候人，深得慈禧宠信。另外，李莲英和白云观主持高峒元勾结。高老道能够经常入宫讲黄老之道。他在外宣扬李莲英无所不能，是条硬路子，结果外省官员有求升官，有求免罪都找上门来。李莲英虽不会替这些人说好话，但和慈禧交谈及送奏本时，慈禧批的朱笔，都可给他一些信息，知道什么人能升官，什么人能免罪，他就早几天把消息传出，别人以为升官或免罪是李公公美言的结果，人家送的钱他也可以心安理得地收下。

李莲英虽然慧黠低调，但还是没读过书，容易犯太监器小易盈的通病，虽然对人表面上仍旧谦恭低首，但有时不知不觉露出一些悖谬倨傲的气质。

　　恭亲王第三次入掌军机处的时候，因慈安皇太后已故，慈禧皇太后
单独垂帘，对恭亲王一些主张方法深为不满。李莲英也奴看主眼色，跟
着对恭王爷不敬起来。有次在军机处，恭王新得了一只翠玉扳指，颜色
极正，莹蓝翠绿，简直胜过祖母绿。因为质地太好，玉工一点花纹也不
做，碾成一个极高雅的素扳指。恭王成天戴在手上，摩挲把玩。有一天
被李莲英瞧见，一定要恭王脱下来给他见识见识，恭王一向对太监不假
颜色，又有些旗下大爷的脾气，顺口说："你在我手上瞅瞅得了，让你
摸完我还戴不戴，等我哪天玩够了，再赏你玩吧。"这话意思是嫌李莲
英手脏。李莲英嘴上不敢说什么，心里却记恨上了。过了几天，慈禧招
恭王庭对，看见恭亲王手上戴着的扳指一汪水一样的翠绿，慈禧最爱翡
翠，让小太监从恭六爷手里拿过来看看，一边看，一边夸，后来一边谈
国事，一边就搁在御书案上了。恭王爷又不好往回讨，见慈禧总不开口
还他，索性做个整人情，献给老佛爷备赏了。谁知没过几天，李莲英特
地亲自到军机处叫恭王的起，李莲英碎步在前引路，走出屋门后转身一

挑大拇指说:"六爷请您鉴赏一下奴才昨天买到的这只翎子怎么样"(太监带的翎子不是官员所戴的蓝翎和一二三眼花翎,太监带的翎子俗称喜鹊尾儿,羽毛像扇面披散脑后),恭王的宝物艳绿扳指赫然戴在李莲英的拇指上。这下可把恭王气得发抖,恨不得提起穿朝靴的脚一脚踢过去。可这时恭王已非昔日可比,三起三落弄得他早无当初意气风发、勇于任事的精神了。面对李莲英的无礼,也只好叹口气忍了。李莲英得此珍宝扳指后爱如拱璧,慈禧死后,他退休回家带出宫去。亡故后,遗命将这只扳指随了葬,李莲英丧事办得极大,坟墓是用澄浆、蛋青、石灰、糯米搅拌堆压而成。当时为了要用蛋清,把周围几个村子的鸡蛋全买光,当地乡人吃蛋黄都吃伤了。李莲英死后为嗣子的两个侄子,一个赛一个地狂嫖滥赌,将李莲英一生积累的财产全部糟践光了。两人在抗战期间贫病交迫,先后倒毙街头。那时崇文门东小市、德胜门北小市上有时能看见做工极佳的皮货和精雕牙件,传说是李家出来的,但是国宝级的翠扳指,只有"文革"时的红卫兵才能弄出来。

这只就是现藏首都博物馆的李莲英扳指。

李莲英扳指

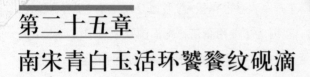

第二十五章
南宋青白玉活环饕餮纹砚滴

　　这只玉砚滴是我90年代初期在北京后海土山文物市场买到的。这个市场是自发的，一帮从长椿街过来的买卖人和收藏爱好者汇集的地方。这种地方往往很短命，一被查封就换个场所。但东西真假互见，真的不算贵，假的也不便宜。真的假的也就自己念叨还行，你要拿起东西说假的，在当时就跟骂卖主一样，他真能跟你急。所以你发现一件东西是假的，他又让你发表意见，你最多可以说："这东西我看不好"，或"这东西不错，但不对我路子"。他就明白你是行家，也没有伤他的面子，坏他的行市。如果卖主是熟人，双方有交情，不妨点他个一两句："这东

南宋青白玉活
环饕餮纹砚滴

高 75mm
长 55mm
宽 40mm

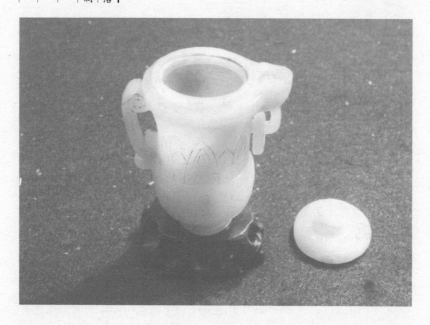

西别留，早点出手"；或"这东西我看怎么比你还年轻啊"。就怕你和卖主不熟，还要给人上课，告诉人这东西是假的，是刚仿出来的，恨不得刚出锅还烫手呢。如果卖主不知是假，他会跟你急，如果知道是假，让你一说，他还怎么卖？别人听了，谁还要啊，所以也得跟你急。北京做这种违规买卖的人嘴头子都很厉害，你还真不一定受得了。譬如，他会说："您老今儿个逛地摊忘了带眼了吧，还是把驴眼、马眼带来了，要么怎么挺大的眼不认真东西，真是狗眼不识金镶玉。"你被他一句话就加封了三种动物，一定也会不高兴，本来你到这里来，是为了休闲、散步带搂薄（买便宜东西），这下变成抬杠、挨骂带受气，这多划不来，所以到这种市场，要学金人，三缄其口。

我转到一个摊位前，一眼看到了个小玉壶，有个朋友告诉我，逛古玩地摊先不要向下看摊上摆着什么，要先看摊前顾客手上拿着什么，再向下看。我看到一个戴眼镜的中年人手里拿着这只小玉壶，正和卖主讨价还价，我扫了一眼，觉得这件玉造型、玉种、包浆全开门见山的真，是什么东西还没仔细看，也不能看仔细了，因为你凑过去，在人家手上细细地看，人家本来没多大兴趣，让你一看也要买走；但你绝不能给价钱，因为古玩行规矩，只要东西在别人手上，你就不能递价钱，这种行为是最明目张胆的"馊行"。眼镜是个"二把刀"，对玉器不是太懂，否则也不会因价格差了几十块钱，就敢把东西往摊上放还。他刚放下，我还不敢马上拿起，因为如果他看见别人要拿，会马上按卖主的要价成交，我即使抢到手，还是一场空。等他一步三回头走远后（回头看卖主是否会喊住他，降低价格），我才敢伸手；伸手还不能先拿这件小玉壶，我指着玉壶旁的一块砚台问卖多少钱，手却不能离玉壶左右，如果有人来拿，可以先抢到手。问了几件别的东西，才问到玉壶，先问价，再拿起细看，看没有什么大毛病，然后象征性地和卖主讨价还价，你如果不还价，卖主还真敢不卖给你，所以尽管卖主要的价还不到这件玉壶时价的十分之一，我还是还了一会价，最后像是超出了预算的样子勉强购走，卖主卖了个心理平衡。

　　玉器的断代不是很容易，因为虽然每个时期有每个时期的特色，但后代仿前代的情况经常发生。这件东西到手以后，发现它不是小壶，因为这么小的壶，连一大口酒都装不下，它是什么呢，是注入清水，再滴入砚台上用以磨墨的玉砚滴。为什么年代定为南宋？因为它盖子上和把手上的云纹和壶嘴下的活环很像宋代型制，杯上的蝉纹和饕餮纹是宋代仿战国两汉的雕法。蝉纹中间夹着树叶纹，汉以前是不会这样雕的。此玉砚滴曾入过土，沁色极美，有大片的褐黄土沁和皮蛋青，还有一点老土大红和一些铜沁熊胆绿，说明已经埋在土里七八百年了。但为什么是南宋呢，此件玉器制作精巧，秀逸可赏，属于中国南方苏、杭、扬、常的作风，北宋自开封汴梁失守，二帝被俘，北宋告亡，南宋开国皇帝高宗赵构一路被追杀，一直逃到福建，危急时戴上头巾装扮成割草村妇才躲开追兵，经历无数磨难，经过6年流浪才于临安（杭州）建立了南宋朝廷。但立都之后的各任帝王（高宗无子，择嗣太祖之后孝宗）不知进取收复失地，只知偏安，在南方过着歌舞升平、文玩雅趣的生活。这只小砚滴正合乎此时的状况，小巧精美追求的是文雅小乐。它所雕刻的饕餮纹，非但没有战国时的凶悍，也不如北宋时的威猛，线条极柔和，温驯如狮子狗。

　　砚滴的活环设计极佳，当向砚石上注水时，可听到活环清扬的玉声与流水声的合音，相互轻奏，别有一番意境。

第二十六章
明代镂空寿字玉带版铊尾

这块带版铊尾是我 90 年代末在北京琉璃厂马明先生处买到的，当时我没有太看好这块带版，只觉得雕工还不错，而且玉质发青灰色，不够白，也感到要价稍高。可一时又没什么更中意的古玉，再仔细看看这块带版，发觉上面居然有 11 个篆书寿字，而且每个寿字写法各异，我想一般玉品上刻上 3 个、5 个寿字就不算少了。明代佩玉等级极分明，能刻上 11 个寿字，非等闲之辈才可佩带。我最后还是下决心买下。买后还是不很喜欢，因为不成套，而且玉也不太白，心想如有朋友愿意接纳，这块玉出让也罢。谁知问了几个朋友都兴趣缺缺，无奈，只好束之高阁。

明代镂空寿字
玉带版铊尾

长 157mm
宽 60mm
厚 10mm

　　几年后，我的一位美国朋友庄德苓律师赠我一套香港商务印书馆印刷的《故宫博物院藏文物珍品全集》玉器部分的三本书。我意外地在中册第109页中发现一件几乎和我所收藏的玉铊尾一模一样的寿字带版铊尾（见附图），图录上注明："青玉，共二十块。其中铊尾两块，方銙八块，桃形銙六块，长条形銙四块。各块均镂雕纹饰，除长条形两块雕莲花，两块琢龙纹外，其余均饰篆体寿字。这份寿字带版为明万历时期皇帝佩戴之物，有'寿比南山'之意，并在前标明铊尾长 14.4 厘米，宽 6.5 厘米，厚 1 厘米。来源写明为清宫旧藏。"

　　我看故宫博物院藏的八种（套）带饰中，只有这一套明确定为万历皇帝自用。一定是有明清佐证资料证明，否则以故宫众多专家的考古严谨之作风，不可能武断地定位于万历亲佩。还有一种可能，就是在挖掘北京明十三陵的定陵的时候，发现了与清宫中收藏的明带版一模一样的

另一套带版随葬在明万历皇帝的地宫中。所以将清宫旧藏的那套带版从纹饰、做工、玉料、型制等考证出是同一工匠所碾制。

只是我这一块多了一些入土的痕迹，表面有轻微的风化和小烛斑，还有一些褐黄沁纹和沁斑。也许这只玉铊尾也是定陵出土，只是在"文化大革命"前或"文化大革命"时因长陵、定陵缺乏保护，一些出土文物损坏遗失的时候，流出定陵，散入民间，几十年后又重回市场，被我偶然购到的。

现在解释这块玉铊尾上11个寿字就容易了。看来只有皇帝在一块带版上享受11个篆书古体的寿字才不算逾制。大明开国皇帝太祖朱元璋明确限制官员佩玉（他名字中的璋字，确实是一种皇家祭天用玉）。一品官员可以佩玉带，一品夫人可以佩玉簪；二品官员只能佩犀带（犀牛角制成的带版），二品以下的夫人只能佩金簪。玉带的纹饰也有区别，一品文官有太师、太傅、太保、少师、少傅、少保、太子太师、太子太傅、太子太保、大学士、加衔的六部尚书、都察院总宪、督师的总督等。文臣一品的玉带式样是仙鹤纹；一品武官有将军和各大镇加衔的总兵官等，武臣一品的玉带式样是麒麟纹。皇帝用玉带版以龙纹为主，主要是五爪行龙、坐龙、海龙、团龙。亲王与郡王（明代的单字王和双字王）玉带式样是四爪游龙。皇帝祭天、祭祖、登基、岁节、大征伐、受降、大婚、寿诞所穿吉服礼服所用的玉带多为龙纹。常服、便服所用带子有时有玉，有时无玉，玉雕纹饰也很随便（有花鸟人物式样），明代中晚期，臣下用玉已不如明初那样限制严格，有钱而不够官居一品者也制办一些玉带饰和玉佩饰。内官也居然有奉旨佩玉的，也就是太监也能佩玉带了。太监玉带样式只有花鸟、儿童之类，但太监有钱有权，太监佩玉一定是精雕细刻。太监的最高境界为衣蟒腰玉，既穿蟒袍，佩玉带，如明代的司礼监、尚膳监，东西厂、南京镇守等高级太监均可佩玉带。这些人经常挺胸凸肚（玉带凸出，让别人看得清楚）地大声自夸："这是刚丙老爷给咱们挣下的恩典"，刚丙姓郑名和字刚丙，是永乐年权势极大、功劳最高的太监，下西洋的三宝太监就是他。

这块带版除了11个古寿字以外，还有莲花、云纹、灵芝、飞燕。左边的燕子似乎头被伤掉了。可看周围上下没有被碰撞的痕迹，再看清宫旧藏的带版上，右边的燕子也是没有头的，再仔细观察，原来右边的不是飞燕，而是只蝙蝠，所以脑袋并不伸出来。看来是取"福寿双全"的寓意，也就是说我这块带版从来没被碰伤过。

万历初年，万历皇帝冲龄继位，内有太后训政，外有著名贤相张居正打理国家事务。在10年之内，政通人和，百废俱兴，加上风调雨顺，物产丰富，当时的中国是全世界安居乐业、手工业发达、文化繁荣的善地乐土。这时，西洋文化也追寻而至，自隋唐基督教在中国传播的首轮高峰后，天主教也在万历年间到中国广传福音，利玛窦就是最杰出的一位教士。形成了圣经在中国的第二次传播高峰，但一些其他东西也从西方流入中国，如意大利来的鼻烟（当时称做腊烟），从印度、菲律宾来的鸦片等。

当时的国家财政收入达到历朝历代的最高点。以至于当时的财政部（户部）找不到估计国家预算的数学方法，也就是找不到用钱的途径，当时国家收入高出大家的想象。

到了万历亲政的时候，国力经济就走下坡路了，万历这个皇帝是历史上最懒的帝王，他的偷懒记录是28年不上朝一次。他亲政后罢黜张居正，自己不干活，还不让能干的干。他最喜爱的东西是大家都喜爱的，然而正是对他没什么用的银钱。他大量搜刮私人内帑银（皇帝私存），他甚至脑筋转到工业上，他宣布所有矿产国有，开矿者要交纳矿银（铸成轻巧的小银币上交），他收集的银钱装满几个大库，库内几十年没有人敢进入，后来检查时，有些银子年久硫化见水，变得黑若陈漆，随手破碎。万历皇帝还尚好玩器，如成化斗彩，一对瓷器价值10万（不知是10万钱，10万贯，还是10万两）。万历朝的玉器也是玉精工细，他把苏州琢玉高手召入宫中供奉制作精美玉器，其中就有玉雕圣手陆子刚，陆子刚之所以有名，不过是他敢冒杀头之罪将自己的名字刻在玉器上，而别的玉雕高手不敢署名而已。我想陆子刚先生自己署名的玉器也极少，

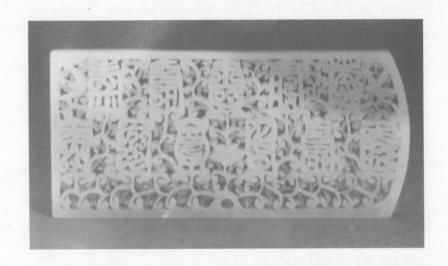

因为万历皇帝不允许玉匠在玉上留名。目前存留子刚款的玉器没有一件可以确定是陆子刚先生亲雕的，包括台北故宫和北京故宫的藏品。大多数的子刚牌（一种长方形，一面雕图，一面雕诗文的子刚款玉牌）都是清代的作品。

有人说陆子刚喜欢在玉器不易被发现的角落刻上自己的名字。我手持放大镜，认真观察这件镂空双层雕玉件，尽管眼睛瞪得如诸葛之亮，脖子伸得如关云之长，将这件玉的几百个角落全部仔细探查，也没看出端倪。看来这件玉品不是子刚先生所琢，或因是皇帝身上的东西而不敢署名吧。

第二十七章
东汉白玉握猪

1986年春，北京古玩市场还是长椿街时代，我每周的周末必到古玩市场上走走。这个周末遇见一个叫张大嘴的。那时古玩交易还处于不正常的半地下状态。到古玩市场活动的人大都不敢以真名见告，在市场大家都用外号或假姓名互相称呼，如：大个、胖子、扁嘴、麻子、老山东、黑子、秃子、雷子……等。我那时被人叫"瘦子"或"白脸"，后曾用假名张帆。直到二十年后，行里还有人叫我张帆的。这个老张是京郊三河县人，在北京工厂上班，看着古玩市场热闹红火，也跻身进来玩两把。他的外号叫张大嘴。我问他带来什么东西，他从腰包里摸出几个辽代铜钱，我花了20

元向他买了一枚"咸雍通宝"，一枚"天庆元宝"。这两枚钱都是新坑锈色。他告诉我这是他家乡三河县出来的，一共有好几百斤，问我有没有兴趣，如果想要，他可以带路，铜钱都是没被挑选过的，卖主要三元五角钱一斤，但要求每斤另加一元钱作为介绍费给他。我当即答应了。这时另一个北京玩钱币的毕某也走过来，听了这回事，说：我能弄到车，到时候一起去。我们约定星期一在王府井长安街路口碰面。讲好后，我又在市场转了一会，遇见泉友陈连升工程师，就相约到他家里看他的收藏。在他家里消磨了一个多小时，看人家要吃饭了，我便告辞重回长椿街古玩市场，意外发现市场上忽然变得冷冷清清，那些摆古玩的摊位一下全不见了，只剩下卖菜的还在。我转了十分钟才看到一个半熟脸，他把刚才发生的事情告诉我。好玄啊，我早来十分钟就被抄走了。原来这是北京第一次公安、联防、市场三个部门组织的文物市场大抄，带走了几十号人，所有的古物查出来全部没收。也不知大嘴进去没有？

星期一早晨，我请医学院同班的女朋友，替我上课抄笔记，我逃课

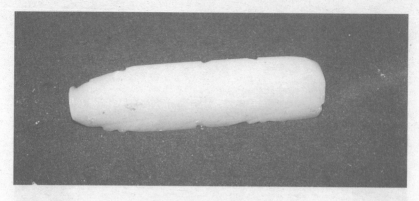

去了王府井，等了一会，果然大嘴戴着狗皮帽子出现了，一见我张开大嘴嘻嘻一笑，告诉我，昨天我刚离开，毕某就对大嘴讲，甩开瘦子，另换接头地点。没想人算不如天算，不一会公安拉大网，将他们全圈在里面，一齐带到拘留所，到了拘留所，一齐蹲在水泥地上，一个个地审，大嘴悄悄问毕某，明天还去吗，毕某不抬头，问急了回答，等会再说。大嘴事情简单，审完先放了，所以星期一还是如约和我见面。

我心想社会这本书可比学医复杂多了。好在机会还没失去，我和大嘴坐公车到马圈换长途车到三河，在车站对大嘴说：没吃早饭，买点包子吃吧，我在车站买了两塑料袋包子，一块钱一袋。我俩一人一袋。包子面还挺白，馅是猪肉白菜的，可是怎么吃怎么觉得不是个味，后来才知道，这些在冬季非法卖包子的都是当地居民，包子制作非常简单，平常蹬着平板车尽在胡同里串，住家里越冬大白菜有冻坏的白菜帮子就丢在门口，这些做包子的，将白菜用铁锹铲起来，扔到板车上，不一会，就拉满一板车坏白菜帮子，再到肉铺买几斤下脚血肥肉，白菜帮子洗洗和血肉剁吧剁吧弄成馅，多加盐让它不容易坏，再加点五香粉去怪味，用富强粉好面一包，每天拿到车站卖。

长途车到了大马庄，大嘴带我到了一户人家，主人当然姓马，有30多岁，瘦小精干的样子。正房三间，只有炕没有床，客人就坐在炕上喝茶聊天。我要求看看那些钱币，主人带我到了院子里，打开两只大麻袋，装的都是钱币，我摸起一把看，差不多都是北宋的，的确没被人挑过，因为大部分都锈黏在一起，成了一段一段的钱串。他问我要多少，我说我一个人也拿不了太多，先称30斤吧，他回房拿出一把称粮食的大称，给我称了30斤，倒进我带来的皮书包里，我说：大哥，价钱我也不和你争了，总得多给一些吧，马哥笑笑用手又抓了两把扔进我书包里，嘴里说：多给点，也不见得能从多给的里面挑出一个半个好的。我交给他人民币105元，把包收好。大嘴上厕所时，我也跟了进去，顺手递给他三张大团结，他笑着说，忙什么。顺手塞进自己腰包。再进房里主人又拿出几十个银元，一律12元一枚。我挑了挑，没什么太出奇的，买了一枚袁大头"中华民国"八年版的。大嘴挑了几枚北洋二十九年、三十三年的龙洋。大嘴说：不好了，回北京的长途车一点就发车了，咱们赶不上了。主人说赶不上就在我这睡一夜，明早再走，没办法只能这样了。农村农闲时吃两顿饭，晚饭三点多开出来，是白面烙饼和素炒白菜，主人和大嘴还弄了几口散装白酒，但我不会喝。看来马哥有点外快，在村里算吃得好的。

　　冬天黑得早，六点多钟外面就黑了，这时来了个串门的，40多岁的精壮汉子，来了就和我们聊，他说他也是干古玩的，去全国各地收购，北京也去。有一次居然从一位前外交部长家买出整堂的红木家具，临走时夫人突然后悔，说卖少了，又加了5块钱才让搬走。又说起他怎么卖东西，他蹲在北京王府井珠宝钻翠收购站旁，看有进去选购的外国人就尾随，掏出自己的东西给他们看，人家要买还不能就卖，怕把联防或便衣招来，等外国人上了车，直接把东西扔车上，人家给多少外汇券就算多少。聊了一个多钟头，我问他现在手上有什么东西，他说有块玉是上礼拜从洛阳收上来的。我让他拿过来看看，他答应了，出门不一会，就回来递我一手巾包，打开一看，是一只汉八刀白玉猪。汉八刀指琢玉简洁，一只猪身上没有太多雕刻，但所有的刀法都深刻明快，一点也不拖泥带水，玉质是白色和田玉，稍稍有点发青，有出土的胶泥痕迹。我那时并不主要收藏玉器，但这只玉猪光滑沉硬，我却很喜欢。我问他多少钱，他说这东西卖得贵，你要的话得拿100元。那时我在大学一月的伙食费才35元，这次我只带了200元，刚才又花了不少，我只好和他讨价还价，最后以75元的价格买下，这样身上就剩下几块钱路费了。

夜里我和大嘴被安排在西房，睡在生着了火的火炕上，我只脱了上衣，盖着被子，手里握着一把藏在裤兜里的弹簧刀，那是我的一个中学同学从云南带给我的工艺品。我想要是房主图财害命，夜里给我一斧子，我可就惨了，一整夜都没正经睡着，一手握玉猪，一手握刀。现在想起来真够可乐。一宿过去没什么情况，倒是火坑里柴火到了清晨完全烧透，热得我像锅里的烙饼，不断地倒个，直到主人起来撤了火才算得救。

第二天，别了主人头班车回北京，30斤粮食不算沉，可30斤铜钱却把我的书包带给拉断了。

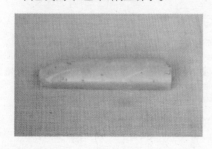

30斤铜钱我砸开泡水，清洗辨认，大都北宋和唐开元的，少量有六朝和五代的，都是普通品，只挑出四枚辽钱和几枚北宋少见版别钱，还差强人意。

　　那个玉猪则是东汉的，而且品相极好，我后来20年中也买到过几只玉猪，但都没有这只好。在汉代，王侯达官入葬之时都有习俗，口含玉蝉（代表永生复活），手握玉猪（代表财富），汉代出土的陶楼，有的很高级，有三层、四层之高，但第一层总是养猪的，看来把野猪圈养成家猪是人类的一大进步，而猪的数量在生产力相对低下的时期，一直是财富的衡量单位。

　　我一直保存这只玉猪，很多人让我割爱，我也不肯。因为有无数巧合，才让我得到它。

　　一、如果这天没遇见张大嘴，我得不到这只玉猪；

　　二、如果我没向大嘴购买东西，他也不会同意带我去三河，我也得不到这只玉猪；

　　三、如果毕某没被收网，约定时间地点一改，我只能在原地作傻鸟状，自然得不到这只玉猪；

　　四、如果大嘴有一念之差，赴了毕某约，而对我爽约，我便得不到这只玉猪；

　　五、如果我没有误了回北京的长途车，买了钱币就走，也得不到这只玉猪；

　　六、如果卖主认为我们不是买主，没回家拿，也得不到这只玉猪；

　　七、如果我身上钱不够，价又讲不下来，当然也得不到这只玉猪；

　　综上所述，许多巧合的串联使我和这只玉猪有了缘分，可谓是冥冥之中，自有天意。

　　近20年未见大嘴兄了，不知可好。

第二十八章
良渚文化神人神兽玉璜

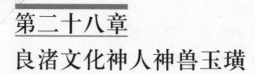

　　有人说：玩玉的第一阶段是玩新玉，第二阶段是玩明清玉件，第三阶段是玩宋辽金元玉器，第四阶段玩六朝隋唐玉，第五阶段玩两汉古玉，第六阶段玩春秋战国玉佩，第七阶段玩商代西周玉件，第八阶段玩红山等柔佛巴鲁器玉器（类玉族），第九阶段玩良渚等新石器文化玉器（软玉族）。

　　把玩玉的人分为九段是有一定道理的，因为古玉比明清玉难以鉴别，也相对稀少一些，当然也不能一概而论，明清玉中的精品（如皇家内务府造办处制作的玉雕）就比一些新石器时代的素面无工的玉器价值

良渚文化神
人神兽玉璜
长 160mm
宽 70mm
厚 8mm

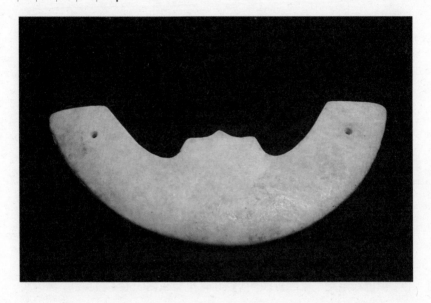

要高。

我买玉玩玉了许多年，历代的古玉也收藏了一些，但良渚文化的古玉只有一些素面大璧、素状器等，典型有纹饰的良渚玉器一直阙然。

2006年春季国际亚太地区古玩秀在美国举办。我乘飞机到现场，看看近来古玩行情如何。

全世界专管亚太古玩的近百个贸易商在秀场布展柜，做交易。我到里面转了一个小时，发现展销的东西真多假少，少数假的也是高仿。看来到这里展销的古玩商都有一定水准，所售的东西大都属一流和二流货

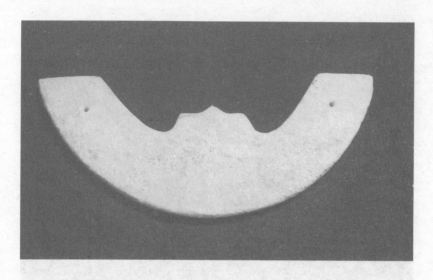

色，但价钱全是一流的价钱。所以在这里买东西一般不会捡漏，因为买卖双方都是行家，只有发现超一流的珍品，付出一流的价钱，才算捡着便宜。在这里东南亚的文物也有一些，西藏藏传佛教的东西也很多。中国的石雕、陶制品是西方人的嗜好品，因为希腊、罗马的石雕、陶塑都非常值钱，而中国公元4—9世纪的石雕和唐及以前的陶塑的艺术价值不在古希腊、罗马的艺术品之下。在这里玉器也很多，但大都是明清玉器，标价也不便宜，我看了一件清中期痕都斯坦玉瓶，雕工很好，壁磨得很薄，要12000美元，稍贵一点，玉质也不太好，有一个玉碗也是痕都斯坦玉，玉质稍好，标价9000美元。货主是个老太太，降到7000美元，我说我再转转，要是买不到别的，就回来买这只碗。转了半天也没看见中意的东西，只花500美元买了一个素虬角的大烟膏盒。虬角就是海象牙，外皮和象牙差不多，但中心部分有木影子纹，俗称有"脑"。这只烟膏盒上下盖明显看得出四周平素，中间有脑，内壁被大烟膏浸成浅咖啡色。过去古人觉得有脑不太美观，所以用特殊染料，连染带晒染成绿色。现在这种技术已经失传。

又看到一只明代的单耳玉杯，东西是真的，但玉质不太好，我给他1000美元，他说要1200美元，我马上说让我们各让一步，1100美元好了，他以为我志在必得，一口咬定1200美元，我其实多100元也没什么，但这还是一般的东西，可要可不要，于是就对他说：谢谢，我放弃这件。他没想到我马上放弃，有点后悔太强硬了，但也不便改口，就和我谈了起来。他说昨天开幕后，有一帮北京人大买特买，也讨价还价，但看上的东西不放弃，今天这帮人可能还来。我不禁后悔起来，因为订飞机票订得晚了些，原打算在开幕的第一天到，但因为没有飞机票了，只好定在第二天，也许很多东西已经被扫走。

有一个展柜里有一件玉器让我有点动心，是一个中型凸唇璧，一般高古玉中商代有这种造型，但这一件璧小唇大，像是云南滇文化的东西，问了问卖商，说是从越南来的，是公元前1世纪的东西，要5000美元。东西的时代不错，但玉质太差，接近石质，毫无纹饰，想了想，就放弃了。还有一件玉，是一个英国大古玩商的。这家占的地方很大，迎面一张明代大画，好像是弘治年号，是两个有职司的胡人和一只巨狮。旁边是一张宫裱圆明园大水法正面图，盖嘉庆大玺。我问了一下清画的价钱，那个穿着绅士的古玩商冷冷地报价210000美元。我是无能力购买的。我说的那块玉是一块痕都斯坦白玉胸佩，玉质很好，并且上面有波斯文字，我想要不超过6000美元买来也值，不想报价是12000美元，

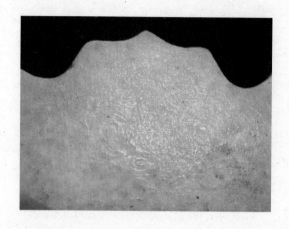

只好望玉兴叹了。

又转了一阵,忽然看到一家西欧标志的展柜中展着一只玉璜,看起来是素的,但造型很优美,我看到它那中央皇冠状弓形造型就知道是良渚玉器的佳品,近了一看标的果然是良渚玉器,生坑状态,用两端的原钻孔固定在博物馆展示架上。守展柜的是一个印度女士。我请她从展柜里将这石雕拿出来看看。她一边拿一边说,这不是石头,是玉,而我是这两天注意这块玉的唯一的客人。我用手去接,她不让,说不要摸它的表面,说完放在一个绒布展盒上。我看这块玉的确是鸡骨白色,上有一些小的褐色沁斑,有一些陈年老土硬结在不易清除处,确是真品无疑。我在聚光灯下仔细看,居然在土咬层下看到了一双大眼睛,再侧光看,上的纹饰还不少,我不敢再看了,先问一下价钱,她说要8500美元,我压抑着狂喜,装作大吃一惊,哇,这么贵。其实这种带工的良渚玉20000美元以下都是漏。我说我不太懂,但很喜欢,就不知最低要卖多少钱。我不知带的现金够不够,印度女士一听我真心想买,立刻眉开眼笑地问:那你出多少钱。我想还不到报价的时候,问她是不是老板,她说她的先生就是老板，他到旁边展柜去看东西，5分钟就回来。这件玉器就是从比利时买的。她请我先出去转转，过10分钟再回来和她先生谈。我只好走出去，这10分钟过得非常慢，我脑中一片空白，看什么东西都像没看见，生怕这10分钟出什么变故。但到了10分钟，我还是不敢马上回去，要立刻回去，说明我将这块玉看得很重，他不会让我还价，甚至还引起别的意外。我先去看了看一个商家的大型唐三彩，又去看了一家中国古木托，有些是黄花梨镶玉龙带版的木托，想如果按木托买就赚了，一问价1300美元，确是按玉卖的。混了一会，又过了10分钟，我才向那家比利时商家的地方走去。还不能直奔那里，我到他们旁边的柜台看了一会，确定他们看见我了，才出来，向相反的方向走去。这样显得对那块玉不够重视，果然那个印度女士叫住我，说她先生回来了。我随着她走向她的专柜。她先生居然是个华人，留着长发，但不会说中文，是在比利时出生的华裔。我装作不懂玉的样子，让他讲解了半天，顺便也仔细又观察一次，我发现玉璜上面有几道被后人用针刻的条条，看来是出土后落在不懂行的人手里受到的创伤。我先说这块是玉吗，不是石头吧，华裔古玩商赌咒发誓地说是玉，你可以掂掂它的分量，我伸手掂了掂，确实比石头沉。故意问完这个外行问题，紧接着问上面的纹饰是不是后刻的，他又一个劲地赌咒发誓。我指着那几道新痕问他，那这几道呢，他说是刻得较深的部分，我不知道他是真没知识，还是骗我不懂，但主要图案没有受到影响，就没有揭穿他，装不懂装到底吧。我问他这东西在哪里买的，他说是在一个比利时的私人博物馆藏品拍卖中买到的。那个建博物馆的人，早年（20世纪20年代）在中国做军火生意发了财，买了很多中国古董。我知道看东西切忌听信故事，不要受故事的影响，干扰鉴定东西。但西方人一般不编故事，知道的就说知道，不知道的也不乱编。确实在民国初期北洋统治，天下割据的时候，军火生意是天字第一号的好生意。据过去老的古玩商讲，那时六国饭店长年住着几个外国人，有德国人、捷克人、比利时人，一直在卖军火，赚了大笔钱，就拿一部分搜集中国古代文物。

我表示很喜欢这种古物，但要的价太高，我带的现金不够，可能还是买不了。他着急地问我带多少钱，我告诉他我能出到4000美元，我带了5000美元，但要留1000美元买别的东西，我看他脸色似乎有点动容。问我是不是从中国北京来的，看来那一伙北京同行昨天的席卷行动，给他留下深刻印象，我说我从美国得克萨斯来的。他和他太太商量了一会，对我说给你个好价钱，最低5500美元。我已然乐不可支了，但还想多打下一些价钱。我告他我有5000现金，还是不够，他说：你付4000现金，余额刷卡。我腰里装着10000美元，也不愿刷卡，装作拿不定主意要不要的样子，他耐不住了，对我说：你拿5000现金吧，这个价钱我平常是绝不会出让的，我说你连我晚餐的费用都拿走了。他说给你留100美元吃晚餐，坐出租。我笑着答应了，数给他们4900美元。临走还装傻：你要保我是真的呀。他说你留下地址，我到比利时给你寄张鉴定书来。包装好了，他递给我说：我做了几十年古玩生意，可以看出，你是懂玉的，因为外行没人愿出5000美元买块像烂石头一样的东西。

出来后遇见在北京开了几家古玩店的张国俊兄，他说他们来了10多天了，昨天一帮人进秀场买了不少东西，还从拍卖会买了不少东西。

问我买到什么,我说买到一块良渚的玉璜,开门见山的真,就是不明白,你们那么多人怎么没看见,他说这批人里面,做家具、字画、杂项瓷器的人都有,有人搞明清玉,就是没有懂高古玉的。

回来后,又认真地观察这块玉,中间的图案是标准的良渚神人兽面纹。最独特的是神人的冠在外面凸出玉璜中间部分,形成造型优美的羽状型。技法用的是单线渐进磨研与减地突雕浅雕法,纹饰雕得很浅。经过几千年土咬风化,有一些纹饰看不太清了,但也不敢破坏土咬层来呈露纹饰。前面曾打磨过,非常光滑,背部土咬得很厉害,但没有纹饰,两端刻有羽毛纹饰,正中纹饰为一个神人伏神兽。同浙江余杭反山12号墓出土的一件玉琮人雕刻的神人抱兽玉琮的纹饰很接近,应属部落族长或大祭司的一组祭神玉饰中最靠下面的一件。造型独特,是一件良渚玉的精器,只可惜有一些地方,被人用针划了几道伤痕。当然盘成熟坑这些伤痕也就变浅消失了,但这么好的一块生坑玉,盘成熟坑可就复不了原了。

第二十九章
金元猎鹰捕熊秋山狩猎玉带版一套

1994年，我从美国德州理工学院毕业赴达拉斯市找事由。第一个工作是在达拉斯市世界贸易大楼的第7层一家珠宝贸易公司里，任批发主管。老板是台湾移民，生意做得不小，对员工管理很严。我们早上8点多到公司，中间午餐时间只有10分钟，晚上7点多才能回家，每天要做足10个小时以上。但这还不是最辛苦的，最苦的是出门到全美各地进行展销，每个月有三四个珠宝秀。作秀的时间可就说不准了，最艰苦的时候，早6点开始，到秀场布展，晚上展销结束再收拾展品，要拖到9点，吃过晚饭后回到酒店，还要检出给大客户的货品，进行登记标

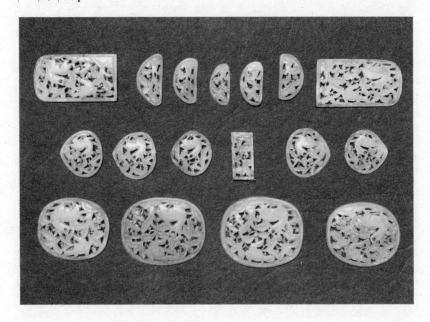

价，这一干就要干到半夜3点了。睡3个小时后，早上6点起来接着干，算一算，一天居然干了21个小时，是普通人上班的两倍半。有一次我和老板开车到俄克拉荷马州去参展，老板开车，我坐在副驾座上，走了五六个小时，人也很疲乏了。开着开着，我觉得车子向右方路边慢慢斜了过去，再斜过去，就要掉到沟里了，我连忙伸手过去将方向盘一把打了过来，转头看见老板已经睡着了。

干了8个月，该学的生意经也学了不少，美国各地也跑了很多地方。我想也是我应该自己做事的时候了。最后一个珠宝秀是在芝加哥，我想等这个秀做完了，就向老板辞职。芝加哥这个城市处于美国的中部，20

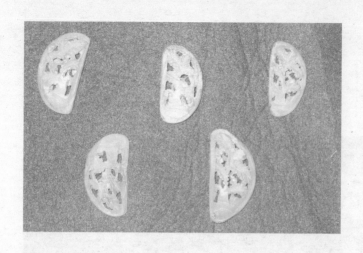

年代左右是美国非常繁荣的大城市，因为它是全国铁路的枢纽，是石油、煤炭、货物的集散地。我到过六七次芝加哥，对这个城市印象不好，一个是气候差，冬天每场大雪都能让全城交通瘫痪，几百辆车从此不能发动起来。另一方面是芝加哥的居民民风强悍，如果生意不如他们的意，他们就反复抱怨，有时大喊大叫，甚至跑到旁边摊位上大讲特讲。这次到了秀场，老板告诉我，他认识一个女星象家，住在芝加哥，她算命不靠水晶球，而是用摸骨，都认为她算得很准。老板说已经和她电话联系过了，一会她就过来，让她给你摸摸。我笑笑，答应了。过了半小时，老板到大门外接星象家。在批发珠宝秀时，是不允许一般人进来的，只允许商家进场。这个星象家是个三四十岁的白人妇女，貌不惊人，衣着普通，对人很客气。老板向她介绍我："这是我的批发主管，原来是医生，现在跟着我做。"说的时候流露出兴奋自得的表情，女星象家伸出手对我说："很高兴认识你。"我也笑着伸出手来。她手握得很紧，同时用手指向上捏了捏我的手腕说："很好，很好，今天你会很愉快。"松开我的手后和老板往咖啡座走去。走了两步，回头对我说："今天你会遇上让你非常兴奋的事。"我顺口谢了她，却不信她有什么特异功能。他们走出去不到一刻钟，我们的柜台来了一个东方人，和老板娘说着什

　　么。我这里正为一个订购瑞士黑钻的客人写订单。有一个品种的价钱我不太清楚，拿着订单去问老板娘，正好看见那个东方人拿出一个木盒子，用英文问老板娘收不收购东方玉器。盒子里用白绵纸包着十几块玉带版，纸包一打开，我的眼前就像亮起了一道闪电，连身子都有些呆住了。好一副开门见山的白玉带版，又是生坑品质的，上面附着的绿色铜锈还在，很多地方铜锈将玉浸成入骨三分的漂亮的熊胆绿色。雕工古朴而生动，而且是双层镂空雕的，当我还想再看时，老板娘已经告诉他："这种古玉，我们不收，谢谢你拿来看。"

　　我所在的这家商行做的是现代珠宝生意，隔行如隔山，怎么会去收购古玉呢。我眼睁睁地看着他收起盒子，走掉了。心里像揣了两打零一只小鼠，真是百爪挠心。我急忙将订单填好，和老板娘及其他同事说，去一下卫生间，就风风火火地找那个卖玉者了。找了半圈，才见那个人站在一个泰国工艺品商人的柜台前，在和那个中年人交涉买卖。我心想，坏了，可能有人要买。我站近了一些，佯装看泰国人的货品，一面留心听他们的谈话，卖玉者要求1500美元，那个泰国人左看右看，又和旁边的人商量，给价1000美元。那个卖玉的人有点动心，说："我再出去转转，如果没人出高价我就回来卖给你。"我跟在他身后离开泰国人，没等他再找下一家买主，就把他叫住，对他说，"我刚才没有看清楚，现在是否可以再看一下"。他说，"好吧，我们去你柜台"，我哪敢把他带回柜台，拉他去了吸烟室，因为吸烟室很安静，难得有人来吸烟（美国人现在成人吸烟者不到5%，在公共场合一律不准吸烟，吸烟者到吸烟室），我问他是哪国人，他说他能讲一点汉语，并说他是"寮国"人，我一愣，因为我听成了辽国人了，我想辽国早灭亡了八九百年，西辽也早变成阿拉伯国家了，怎么还会有辽国人，他又用英文说了一遍，我才听明白，他是老挝人。老挝属于印度支那，但中国的台湾人和香港人都称老挝叫寮国。他说六、七十年代战乱期间，他作为难民逃到香港做一点小买卖。我问他这副带版怎么来的，他说是在中国北京地区出土的，但不知何时出土的。我拿出来仔细观看，一共有18块，图案是镂空雕刻的动物和树木。其中最小块上只有树木，中等的上面有一走兽，6块大的上面有一鸟一兽，整体美轮美奂。

我问他价钱，他说1500美元，因为他当时进价一万多港币。我说："我喜欢这套东西，能不能给我一个更好的价钱。"他说："这样好了，你要就是1200美元，否则就忘了这件事。"我当时还没有仔细估价，但直觉上认为绝对是物有所值，我同意买下。要给他开支票，他不要，我拿出附有照片的驾驶执照，让他抄录以免逃票，他还是只要现金，我着起急来，我只带500美元现金，这种事不符合公司规则，不能向老板借，只好让他在吸烟室等一等，我回到展位，问一位香港籍的女同事康妮是否有现金，康妮正好想在芝加哥买一件裘皮（芝加哥是世界高等裘皮的集散地），可没碰到合适的，就同意借我700美元，我高高兴兴地又去了一次洗手间（借口），将这盒古玉带了回来。

作秀回公司后，还有有趣的事，我问老板女星象家摸完我手腕，怎么说的，老板支吾道，她说你很好。话头一转，他说要给我加薪水了。我却回答他，我要回大陆一段时间，回来也不准备再在这里上班了。我想他一定会大吃一惊，没想他却神色自若地同意了，并让我把工作交接清楚。事后康妮对我讲女星象家对老板说："这个年轻医生是不会跟你干很久的，他到你这里做事是学本事的，你不要信任他。"没想到那个女星象家还是真的很厉害，摸摸手腕就把我的反骨给摸出来了。难怪我辞职时，老板好像早已经知道的样子。另外她说我那天会遇见让我愉快的事，也灵验了，我买到了那副奇妙的带版。

　　这副带版有18块，确切地说，有17块，其中有一块是帽正玉版，另外17块是腰带版。帽正玉版玉色发青白，是典型的明早期做工，镂空雕了一对寿桃，桃中间有桃叶，桃叶下有一小鹿，桃叶和鹿组成了一个福字。方寸之间，寓意了福、禄（鹿）、寿（寿桃）三个意愿。其他的17块玉带版就和帽正不同了，做工更粗犷，线条简捷。双层镂空，典型的早期秋山玉的特征。

　　春水秋山活动是北方游牧民族大规模的狩猎活动，春天捕天鹅，秋天猎走兽。辽金元三朝的贵族们一直是每年都要搞两次的。特别是金代从开国皇帝完颜阿骨打起，文武百官都要参加狩猎，猎多者奖，空手而回者罚。

　　带版上的图案，开始还有些难解，秋山玉猎鹿者多，带版上多是鹿，飞鸟原想是隼（海东青），但体型不像，应该是猎鹰。因为只有大猎鹰才能捕捉大型走兽。而那只走兽，香港钟铃女士觉得是鹿，台湾常幼伟先生认为是熊，我认同后者的判断，因为整个图案就是英雄（鹰熊）搏斗。图案很生动，巨鹰凌空下击，棕熊回首张口迎战，不多几刀就将动物形态勾画下来了。

我认为这副带版即使出在明墓地，也并不一定是明朝时期所制作，因为刀工、图案都早于明。常幼伟先生认为是金早期，原因之一，是大量雕刻柞树。柞树在古代是野生珍贵树木，柞树叶喂蚕，比桑树叶效果好，蚕丝细致。1955 年制作的解放军将校呢就是用柞蚕丝制作的。

明代也制作春水秋山等图案的玉饰，但做工大明风格十足，里面动物都非常安静，闲逸，相互平和友好。不像这套带版上鹰熊剑拔弩张的战事拼斗。在北方游牧民族心目中，鹰犬绝对是好字眼，直到清代，封疆大臣给皇帝的奏折里还会有"奴才做皇上的好鹰犬"的字样。现代古装连续剧中动不动说某人甘当朝廷鹰犬，以为是骂人的。其实当时的人不会这样说，等于是夸了对方呢。

但也有可能是明早期（洪武、建文、永乐、宣德时期）大明政府雇用的蒙古或其他西番将领所佩带，所以是北方游牧风格，明早期造型。

古话中有鹰熊相惜，指作战时棋逢对手，将遇良才，胜负俱荣。后来叫白了，被称为英雄相惜。

明高祖打败北方游牧民族政权，夺取了国家，也获得了前朝传来的不少好玉器，但高祖对于玉器佩带严格控制，只有皇帝、皇后、妃嫔、太子、亲王、郡王、公侯、驸马、伯及文武一品官才有资格使用。图案皇室为龙，大臣文为仙鹤，武为麒麟，有些皇族或大臣就带着前朝的玉带下葬。因为明代制作的可传给子孙佩带。

1995年年底，我在美国买第一所住宅，首付需要钱，我的一个朋友再三要求，并以6000美元买走。之后我一直后悔，因为再也见不着这样有意思的秋山带版。2002年这个朋友因美国9.11后经济大衰退，他的公司申请破产保护，我提出将这套带版赎回，商量后以20000美元购回，多出的钱就当做付了几年的保管费吧。

这套带版回到我手后，一直视若珍宝，不轻易示人，我当时认为该版只有一套，曾放出狂言，谁要有一套这种鹰熊会的整套玉饰，我这套白送他。没想到2006年年初，首都博物馆试开放，在玉器馆里摆出十八块和我这套一模一样（同一玉工制作）的带版，标明是北京朝阳广渠门外马圈明墓出土。这才知道人真不能说大话，低调谦虚才是比玉美德。

第三十章
明代白玉镂空雕龙纹带版

 1994年夏天，我已经在美国得克萨斯理工大学获得了美国医学博士资格（M.D.），并修完了人文学硕士（M.S.）的学位，正在攻读人文学博士（P.H.D.）的时候，移民局决定给中国早期赴美人士绿卡。有了绿卡（美国长期居留权）就可以不受限制地去找工作了。我决定中止P.H.D.的学习，出去找事做。正巧我妻子Christina在达拉斯（Dallas）的西南医学中心找到工作，我们便举家迁往达拉斯。

  到了达拉斯市，刚安顿下来，我就急于看当地报纸的招聘广告。工作倒没看到合适的，在收藏栏中发现了周末有一个大型钱币展销会。我

明代白玉镂空
雕龙纹带版
长 60mm
宽 43mm
厚 8mm

在美国仍然继续收藏中外钱币,看到在这种大城市中有钱币秀自然不会错过。

秀场不太大,而且也并非全是买卖钱币的,有的摊位卖古玩,有的摊位卖邮票,有的卖垒球卡,有的卖金银珠宝,有的卖钱币书籍。我没发现什么太好的钱币。可是在一个卖珠宝的商家那里见到了一块中国玉,我所以说它是中国玉,因为它是一块镂空雕刻的白玉,而且雕的是中国龙形。像是一套带版中的一块,在玉的上方加了一个 K 金的搭钩,便成了一个现代首饰中的胸坠。我见这块玉雕工极佳,玉种也好,便停下来问了问价，那个珠宝商告诉我 150 美元，我不禁一愣，我原以为他起码会开价 1000 美元的，我暗想这回可捡着漏了，我不问玉如何，却问上面的搭钩是 18K 的吗？他说 14K 的，我装作失望的样子，自言自语："要是 18K 的就好了。"意思是 18K 的 150 美元就值了。他果然上套了，问：你给多少钱？要知道，美国人要价和国内古玩商要价不同，美国人开价一般不离谱，我如果说不出价格不合理的理由，他们一般不给折扣，而中国古玩商却不同，他要 10000 元，也许 2000 元就能买。我曾见过琉璃厂一位王姓古玩商，将一尊小木佛卖给一位韩国客人，开价是 3000 美元，那个韩国人会一点汉语，看了半天，伸出一个手指，生硬地说：1000，当时王某笑得见嘴不见眼地说：再加一点，韩国人说：不加了。王某立刻说：交个朋友，OK 了。那个韩国人从钱包里摸出一张 1000 日元的票子，王某一惊之下见眼不见嘴地说：讲的是美元，不是日元；那韩国人把钞票往自己兜里一塞，回头就走，王某忙将他喊住，和韩国人商量：起码也得给我 1000 人民币吧；韩国人一摆手：不！不！就 1000 日元。说完又要走，王某第二次将他喊住，咬着后槽牙，见眼又见嘴地说：1000 日元也 OK。我后来一问，那尊仿宋小木佛是王某花 30 元人民币从地摊上买回的，卖 1000 日元，也还赚了 50 元人民币呢。但在美国，人家要 10000，你还价 5000，他会将你赶走，他认为这表示你对他的人格有怀疑，还价本身就是对他的不尊重。所以在美国买私人东西还价，要找理由，没有理由，就从自己身上找，譬如，这件东西我好喜欢，只是价格超出了我的预算。最好的还价方法，是在他开价之前先灭他的心气，比如找出缺陷，或可买可不买，或告诉他有竞争者等，等他开出较

低的价格就好操作了。

　　书归正传，那老美本不懂中国玉器，听我说搭钩金色不足，让我还价，这正中我意，我还价100美元，那老美略想了一下，因为是第一次买卖，就同意卖了。后来的十几年中，我又从他手里买到过红珊瑚串、金怀表、金手表等，其中一块江诗丹顿金表是上佳品，但中国的东西就再没看到过。

　　这块带版是白玉镂空雕刻的，做工极细，有一块带版上雕出三层雕工来，中间菱花开光，中是一行龙，四周有四种花卉，间有花、叶、云纹等，是头等的和田白仔儿玉。香港女作家钟玲见到后，曾建议让我割爱，但我因为很便宜，不便卖，婉言回绝了。三四年后，在北京一家私人玉器厂里见厂主藏有一块和这块一模一样的玉，问他价钱，他说给三万还不想卖呢。

　　这块玉从雕工和纹饰上看，应该属明代中晚期的制品。

第三十一章
明代青白玉母子螭龙双耳杯

2006 年 7 月底，我与太太及女儿到夏威夷度假。夏威夷群岛由一百多个火山形成的岛屿组成，世界上最大的活火山就在其中的大岛上。有人居住的岛屿不过 6 个，其中它的第三大岛，火鲁奴奴居住的人占全群岛的 80%，著名的军港珍珠港也在这里。除了土著人以外，最早到火鲁奴奴岛来的人是中国人，具体地说是中国广东中山人。一个世纪前，这些首批广东移民（包括孙中山先生的长兄）到这里开拓土地，养殖，耕种。他们发现岛上有很多值钱的檀香木，所以将火鲁奴奴称为檀香山。经过多年的无节制砍伐，现在檀香山的香檀树已完全绝迹，空留了

明代青白玉母子螭
龙双耳杯

大玉杯　长110mm
　　　　宽65mm　高35mm

小玉杯　长95mm
　　　　宽62mm　高29mm

一个美丽的地名。

　　旅行社导游来接我们，送我们去下榻的酒店。在路上，我顺口问他：既然中国人来得那么早，岛上有没有卖中国古董的古玩店。导游只忙着介绍追加的自费旅游项目，不愿转移话题，只是答一声：没有。话音未落，车子转了一个弯，路旁出现一家店，展窗内居然有一尊中国木佛和一些中国古石雕。我问这家店在哪条路上，导游给我标在地图上。我问从酒店到这里怎么走。他说乘公车很麻烦，计程车也不好叫，如果有耐心，从酒店可以走路过来。

　　第三天，我们上午没安排游览，我换好旅游鞋，走路去了那家店，路很好找，檀香山并不很热，户外空气也好。当地称夏威夷三件宝，阳光、沙滩和空气，都是带不走的。我戴着MP3耳塞，听着刚下载的《芙蓉姐夫》、《曹操》、《杀破狼》，享受着檀香山的阳光和空气，走了约半小时，到达了那家古玩店。

　　一推门，一个亚裔店员问候：阿罗哈卡卡壹呀卡。这是夏威夷土话，意思是：早上好。夏威夷语只有13个字母，所以语音重复的很多。

　　我在店里转了一圈，难得的是店内没什么假货，有几个鸟笼子做得很精细，其中有一个小鸟笼上的白铜爪雕着五鼠闹福。但我对鸟笼是外行，觉得铜雕有些粗糙，就放过了。有几件牙雕虽然不新，但也是常见品。另外还展示着一只大号鸦片烟灯，灯座是双色铜（指红铜和白铜镶在一起，俗称铜镶铜），最可贵的是它的灯罩完整，是个厚玻璃八角形的。在国内古玩市场上，大烟灯非常多，而且品种亦多，只是玻璃灯罩

完全原配的极少，很多是用八角玻璃杯截底，或是用玻璃瓶改造的。我问亚裔店员：这只灯要多少钱，他去查了一下告诉我，要800美元，打折后要600美元。我觉得稍微贵了一点，就没有还价。

在一个角落里有一个中式硬木小展柜，里面有两只玉杯，我一看就知道是老青白玉的光泽，请亚裔店员帮我取出来。是一大一小，两只杯子，都是双耳环，而且都是子母螭龙各盘一边，螭龙瘦身昂首，刀工简洁有力，这两只杯子虽不是同一工匠所碾制，但却是同一时期风格，都属于明式风格。特别是那只大杯，杯口还雕有一朵葵花，玉质都属和母仔料青白玉种，包浆都很好。大的一个配一只红木缕雕的海棠式木托，木托就属清中期所制，是为玉杯配制。而小的一只配一只民国所制放瓷瓶的楠木托，虽做工不错，但不是原配。

我看了看标签的价钱，大的一只标1500美元，小的一只标1000美元，都不算贵。我问亚裔店员：如果我两只都要，可给我什么折扣。店

员问了老板，回来告诉我，可给我25%的折扣。我已经满意，但还想乘胜追击，问他是否还能多一点折扣，店员将老板请出来，是一个美国人，姓米尔斯（Mills）。他对我说这两只玉杯不是他本人的，是一位老夫人送到这里代卖的，25%的折扣已经是他能给的最高折扣了。我说我很喜欢这两只杯子，可不可以打个电话给卖主，说如果给30%折扣，我将买走。他回办公室打电话，一会回来，说卖主同意了。我马上拿出信用卡准备刷卡，米尔斯先生见是刷卡有些失望，问是否可以现金交付，我说这是白金卡，不会有问题。他说：不是怕信用卡有问题，而是刷信用卡公司要付4%的费用。我说我是来度假的，不可能带那么多现金。后来协商，我多出20美金作为部分刷卡费。这两只玉杯的最后价格是1770美元。比较起来，时下在国内，连一只明式青白玉杯都买不到。

子母螭龙的图案最早出现在玉上，是在汉代的玉剑饰上，尤为玉剑彘上最多见。六朝、宋代、清代都有仿制，并用于不使用的玉件上。用于玉杯最多的是明代，特点是粗犷、简练、龙身瘦长，整体效果如行云流水，明式玉的中早期作品一般较粗放、大气，将玉料大削大减。为达效果，不惜简工伐料。这一时期作品俗称"粗大明"。到了明晚期，风格一变，变成繁工细碾，满眼满工的效果。这两只杯子应属明中早期风格。

我提着包好的两只有座的玉杯上路时，米尔斯先生和亚裔店员齐声说"阿鲁哈，马哈罗"（夏威夷土语，意思是：谢谢！再见！）。

原本是出来度假的，不想搂草打兔子，还又增添了两品收藏。

第三十二章
明代素面犀角杯

　　1999 年夏天，全国文物系统在宁波召开各省市文物商店的文物交流会。我和几个朋友乘飞机到宁波。在交流会召开的第一天进入会场。会上人很多，遇见许多熟人和半熟脸。没买到什么值得一提的东西，正在失望，见到北京的马先生，他告诉我那边有一个小犀角杯。我谢了他，马上过去看，是在镇江市文物店的专柜上，工作人员从柜台下面拿出了一个小杯子，杯子呈元宝形，素面无工（没有刻图案），底部刻了两个字"清玩"。我用强力手电筒扫了一遍，东西开门见山，是犀角杯没错；但是在电光透视中可以看到有几个蛀孔，被仔细地修补过，不仔细看还

明代素面犀角杯
长 135mm
高 65mm
厚 73mm

真看不出来。我那时已经收藏了三个犀角杯，都有工，也多少有点毛病，因为犀角入药，有时遇有病人配药，不惜从犀角杯上刮粉末下来，也多少破坏了犀角杯的完整度。这只虽没被刮过，但有蛀孔，还是素活，所以我只问了问价，不想要价是12000元，在当时的市价算是便宜的，我还了还价，告诉他们补蛀孔的地方我已看到，应该降价，最后以9000元买下。

买来后，一直不重视，2002年一个朋友喜欢，我将此杯以2600美元的价值，换了几个鼻烟壶。

2005年，我在网上买到一本由金·查浦曼（Jan Chapman）撰写

的《中国的犀牛角雕刻艺术》的图册,上面写道,凡无雕工的素犀角杯要比有雕工的少得多,凡是素犀角杯都很罕见。在都灵的查斯特·比蒂图书馆(The Chester Beatty Library)收藏了219只中国古代犀角杯,但只有3只是素面的。

我后悔将此杯换出去,无奈只好卑词厚脸去乞求人家,最后用5000美元将这只杯子又买了回来。再把玩时,观念立刻不同了,越玩越爱。这只杯在灯光下质地发丝状的纵切面结构,橘皮样的横断面结构,蜜蜡黄色的色泽。以上这三点是鉴定古犀角杯的三要素。

笔者有一好友,史致广先生,世居北京,是收藏鉴定木器的一把好手,家中藏有明晚期镂空雕螭龙万寿大型黄花梨罗汉床。他也是笔者学习木器的师傅。有一天请我到他家中,说买到一只中型犀角杯。我一看,这只杯呈直桶型，满雕工，外面染色焗油，而且受到高温烧炸，表面有炸纹。我问他哪里买的，他说：从人家里淘来的，四个人加磅（指四人合伙出钱购物）。我当时想，如果告诉他东西不对，一是伤了他的自尊心，二是牵扯人太多，说了实话，招人嫉恨。所以只是说"不错，不错"，也没说要买。不想过了几天，史先生又要我到他家去，这下大大小小拿出三个犀角杯。和上次的东西是同一货色。我有点着急，忙问他原由，他说上次的杯子，你说不错，我就又由原主那里淘来三个。我深悔当初没将实情告诉他，让他又一次蒙受损失。我对他说：你看木器是高手，看竹木牙器也还不错，只是从没动过犀牛角，所以没有十拿九稳的把握，不要往上冲。看老犀牛角的三个要素：纵向发丝纹；横向橘皮纹；透视琥珀光（也叫蜜蜡光）。你的这些角杯都没有。另外亚洲犀裙边大（指犀角基底部），所做出的犀角杯都是大喇叭口。你的角杯不但不是火犀角（指亚洲犀角），连广角都不是（指非洲犀角），只是水牛角现代仿刻的。水牛角与犀角区别有两点：犀角是丝状结构，水牛角是片状或环状结构；犀角本色白或有黑斑，但时间久了发褐红色，水牛角本色黄绿色，时间久了发黑色；如果你看到纵切面也是经丝状，但横切面有涡旋状，同心圆开片的，保证是水牛角。史先生这才省悟过来。他一向买东西是本少利大（如黄花梨大床增值了几万倍），这回是贪便宜被人坑了一下，但他还真是条汉子，将买错的角杯往大柜里一扔，再不示人，打掉牙往肚里咽，不像有些古玩商买错了东西，千方百计再卖出去。

全世界犀牛有两大类：一类是亚洲犀，一类是非洲犀。亚洲犀牛有三种，第一种是印度大犀，是亚洲犀中最大的一种，是独角犀，角在头前，像一把尖刀。印度大犀自古活动于印度和尼泊尔的大部地区，现在印度只有四个很小的保护群，在尼泊尔的皇家公园有一小群，成年印度犀角长度平均为 30 厘米。第二种是爪哇犀，在一百多年前分布于孟加拉、中国的西南部、印度支那、马来西亚、苏门答腊和爪哇。今天全世界只有不到 80 只存活，分散于各国的动物园内。爪哇犀也是独角动物，成年爪哇公犀的角平均为 25 厘米，母犀则是没有角或只有很小的角。第三种亚洲犀是苏门答腊犀，它是亚洲犀中分布最广的，在古代的中国也应有它的踪迹，因为出土西汉错金错犀牛的形象就是苏门答腊犀，这种犀是亚洲犀中唯一有双角的犀，前长角平均 25 厘米，后短角很短，母犀中几乎没有后短角，苏门答腊犀现在只有不到 400 只存活。

　　非洲犀分两种，一种是非洲白犀，它是仅次于象的陆生最大动物，所谓白色，只是区别于黑犀的灰色，白犀双角，前角平均 60 厘米，后角平均 30 厘米。黑犀角是圆形，前角上尖下丰，后角像一只竹笋。黑犀现存活 2500 只，一半生存于南非。中国历代犀角制品主要取自亚洲犀中的爪哇犀和苏门答腊犀，也不排除有极少量从天竺进贡的印度犀角，以及郑和下西洋带回的或间接贸易得来的非洲犀角。亚洲犀比较小，但质地细密且易氧化上色，陈年的亚洲犀都有一层琥珀光，俗称火光，所以亚洲犀角被叫做火角，而非洲犀角应用时间短，质地稍松，但因时间关系没什么自然上色。由于早年非洲犀角都是从广州进海港上岸贸易，所以非洲犀角被称为广角。现在新的火角原料基本上绝迹了，而广角价钱也涨了五六倍。近年国内几家大拍卖公司拍出的清中期犀角雕刻品，有一些就是用广角仿刻染色后卖出四五十万元高价。

犀角是名贵的中药药材，属于大凉药，是治疗高烧不退、热毒火肿的灵药。亚洲火角的药用功效大，而非洲广角的功效则小得多。

笔者曾请教过北京"西鹤年堂"中药店的一位瞭高老者（瞭高指在店中的督导）。他说现在亚洲犀角早就缺货，非洲广角功效太小，所以现在名中医店只有水牛角而不备犀角。

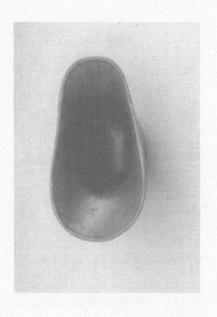

第三十三章
清代紫檀小镇尺
（后填五色鹤顶红百宝嵌）

　　2006 年 6 月，我到北京古玩城闲转，一路没有什么收获。后来遇到在这里开店的焦俊广先生，寒暄一阵，看了看他的新得之品。他过去是主攻玉器的，现在由于玉价飞涨，进货不易，所以改行买卖古玩杂项。我看到一个紫檀笔筒，一问价，吓了一跳，比过去涨了好几倍，最后挑了一只小紫檀镇尺，上面原有镶螺甸的地方，螺甸都掉光了，只剩下凹槽还在，螺甸是指海里的贝壳取其五彩闪光内面部分做装饰。我问他这个多少钱，他说最少1000元，比起过去一两百元就可以买到的来讲，确是贵了不少，但老熟人，总要捧捧场，所以我还是买下来了。

清代紫檀小镇尺

长 237mm

宽 25mm

高 15mm

过两天再看这镇尺，虽然是老紫檀料，而且楞起的还不错（指四周的梯形起线），但图案很简单，是花鸟组。如果镶好螺甸，则是一枝梅花，树枝上停一只喜鹊，取喜上眉（梅）头的意思。但就是请人重镶上螺甸，档次也不太高，螺甸配紫檀，白配黑，还是有点土财主的味道，文人气缺缺。这时我倒觉得千元得之的镇尺，如同鸡肋一般，藏之无味，弃之可惜。

一日，整理我的一些玉器佩件，发现有一盒鹤顶红碎料片，鹤顶红是一种鹤鸟的头盖骨，有人说是犀鸟，有人说是丹顶鹤，应属濒临灭绝的动物，现在都属禁止猎杀的物种。这种鹤鸟的头盖骨呈正黄色，还有一层薄薄的红色或粉色的角质层。传说中，鹤顶红磨粉是剧毒的东西，应属误解。所谓鹤顶红与孔雀胆都是草药，泡酒食用有剧毒，因一呈红色，一呈蓝色，故名鹤顶红与孔雀胆。试想如果鹤鸟的头骨或孔雀的胆囊都有剧毒，那么鹤鸟和孔雀如何活得下去。这盒鹤顶红原料是几年前从中国工艺品外贸公司买到的，是几十年前的存货，现在早就不允许进这种货了。

看到这盒鹤顶红，我忽然有了个想法。如果用各色的鹤顶红来镶嵌那只小紫檀镇尺，效果一定不错，我挑选了一些料片，找到了刻竹高手汪澄先生，将主意说了说，他认为此举可行，也愿意动手制作。我们选用鹤啄嘴上黑白相间的部分作为树干，取红色及粉色的鹤顶红制作梅花和梅苞，取黄色鹤顶红顶骨制作鸟身，取赤红色部分鹤顶红制作鸟嘴。在填刻中不断商量，更换料片，此工程不大，但极耗工夫，汪先生不厌其烦地赶了一个月才完工，完成的作品非常美观，因料镶下凹槽

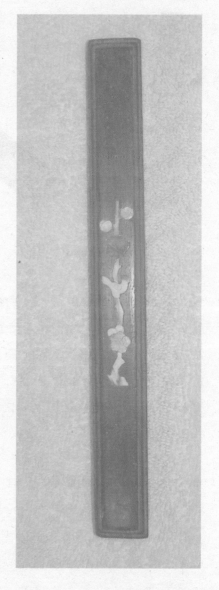

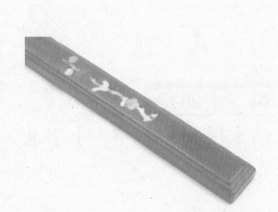

后，表面一溜平，镶嵌并不高出尺面。呈犀角黑、蜜蜡黄、象骨白、珊瑚绛、宝石红的五色鹤顶红镶嵌，配上紫黑的紫檀基底色，的确不同凡响，那只黄身红嘴的报春鸟登上梅枝，在残冬的红梅上，报告春天的喜讯，还是暗合"喜上眉梢"的吉语。

五色的鹤顶红百宝嵌比起镇尺原先的螺甸嵌来，档次提高不少，同行朋友凡看过的，都称修改得好。

第三十四章

清末民初　祥字、永字北京鸽哨堂

早在1998年，我就听说过这一套鸽哨，是收藏经营木器的史志广先生说有一套鸽哨要卖，估计要价20万人民币。我一不养鸽子，二不玩鱼虫，对此不感兴趣。史先生拿出几张照片，看上去黑糊糊一片，看不清构造如何，也不知是什么材料制成，更是敬谢不敏了。后来史先生又告诉我，这套鸽哨是经营古旧家具的舒德禄先生的，档次极高，在鸽哨里是顶上品，相当于木器中他自己的那张大床。确实史先生的那张大明万历寿字螭龙镂空黄花梨特大罗汉床在中国古玩界称得上是一号珍品，就连香港行内也称此床为床王。如果此鸽哨真是如此名贵，倒很想

有机会看上一看。史先生说，如果你有兴趣，自己和老舒联系。

舒德禄先生是"文革"后最早一批经营木旧家具的高手之一。我和他认识，但没共过事由。在以后的几年中，也和舒先生见过几次面，舒先生当面提到，如果你有兴趣，可以到我那里看看哨子。因我一方面在国内比较忙，另一方面也是因为舒先生的库房比较远，而且舒先生那时生意很好，也未必真的想出手，所以相隔了五六年也没有眼福去观赏一番。

直到2004年秋季，舒先生资金周转一时有些困难。我正好在

北京，接到舒先生电话，他来车接我去看鸽哨。恰巧当日下午有时间，就应约去了。

　　到了舒先生的库房，先看了一阵他的家具，最后走进一间小房间，舒先生让他的女婿将鸽哨抬出来，我一看，乖乖，竟有两个小柜加一大盒，一共有六十多只。舒先生指着其中一柜说，眼多的都在那里。我打开柜外玻璃门，看见鸽哨一只只都成对排列在定制的漆木座上。下面还有标签：51眼、49眼、47眼……对对排下。从51眼一对，单数下排，直到排到7眼一对，一整套共48只。我拿起一只如拳头大小，上标51眼的鸽哨，出乎意外，这只哨子是那样的轻，和它凝重的黑漆外表一点也不调和。说实话，我从没玩过、甚至从没见过鸽哨。来此之前，我只

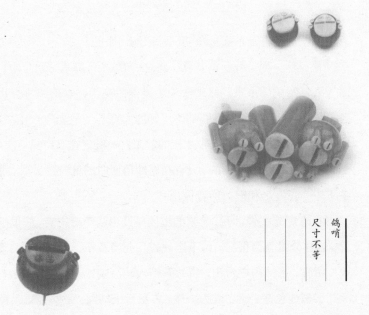

鸽哨
尺寸不等

是想看看，并没有想买下据为己有，但是一上手，就觉出好来。这东西不知是什么材料制作的，但它的轻巧、结实和美观绝非一般匠人所能研制。它的一只只出音眼，就像教堂中管风琴的长短参差有序的音管一样，美观大方。我暗自思忖，如果价钱合适，倒真想买下。这种不知名的工艺应流传有继才对。舒先生又展示那一大盒，里面共有19只鸽哨，最大的比拳头还大，其中12只是用象牙制作的眼口，象牙削成极薄的片子雕眼黏附在管上。

　　我想可以询询价了。舒先生当时需要现金，经过磋商，同意以过万美元成交。舒先生感慨地讲：这套哨子我已收藏了近15年，本是我和另外一个行里人合买的，后来我给了他钱自己留下来，当时共花了我3

万块钱，是从官园东面金鱼胡同一家淘出来的。

协议后一周，我交清货款，将这一套67只鸽哨带回家中。直到这时才去打听鸽哨由来。惠增久先生是养鸽高手，在信鸽协会也担任职务。据他说，像这种多眼鸽哨要用好的大点子（一盘鸽子中的头鸽）或驯好的蒌鸽（指野鸽）佩带才带的起来。一般飞在高空只有主哨出音，那些小眼哨口是不发音的，只有在俯冲落回时的低空盘滑时，那些群眼哨子才一齐发出和声，声音极悦耳。

史志广先生告诉我，鸽哨的主体是选用葫芦磁密者，从里削薄葫芦壁，这样分量就会很轻，留下坚硬磁皮充当音箱，各眼则用竹管，竹管表皮留青，去掉内中竹肉，将竹管镶入葫芦哨体。所有眼合装好后，再涂几层桐油色漆，使之成为一体。古玩行王幼国、王幼强兄弟都是行内

经营古玩多年的商家，他们分别告诉我，这套鸽哨大大有名，原来是北京名医"金针李"的家藏，金针李惯使一根金针拨眼内的白内障，手法极其高明（金子制作的针较软，钢针却会把眼睛扎伤）。金针李医道高明，有很多当时政界名人向他求医，收入颇丰。金针李好弄花鸟鱼虫，最喜斗蛐蛐和养鸽子。他得此鸽哨后秘不示人。王幼国、王幼强的父亲与金针李是玩鸽子的朋友，也是爱鸽成癖。"文革"时家无宿粮，在鸽市见到各种鸽子时，不惜卖血来买鸽子，可也算是玩鸽的最高境界了。金针李曾将这套鸽哨请老王欣赏过，王幼国说：金针李家许多东西，如上品的蝈蝈葫芦、蛐蛐罐，我替他代卖了很多，就是这套葫芦没能弄到手。玩鹰有名的常德利兄说：这套鸽哨是有人从山西孔家（孔祥熙族人）带到北京，他买下后通过一位同行杨春茂卖给老舒的。另几位鸽界高手也称，这一套鸽哨早就听说了，是北京鸽哨最好的一套。其中51眼的一对，是鸽哨中眼最多的绝品，用北京话说是蝎子拉屎——独（毒）一份。

史志广先生说，你也不要问东问西的，如果可能，最好请王世襄老先生看上一看，他是研究北京鸽子的大行家。笔者的外祖父与王世襄先生是燕京大学的同学。据外祖父说，他们两人当年在燕京都是行为特殊的学生。他自己往天空放风筝，而王世襄也往天空放东西，居然是活的，放的是鹰。当时王世襄在燕京上课带蝈蝈葫芦进课堂，下课带上皮护臂，架着大鹰。笔者1989年夏季时编写了一本研究钱币的图书《中国钱币未正式行用品图录》，那时就曾造访王世襄先生芳嘉园住宅。因为世谊，王世襄爷爷及夫人袁荃猷奶奶热情接待了我。当时北京芳嘉园的住宅尚未完全退还，老两口只居住在很小的两三间房子里，里面堆满了古式家具，

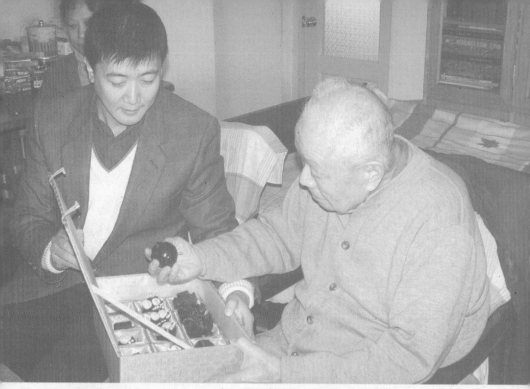

作者与王世襄先生

　　大都是黄花梨、紫檀木一类的名贵品，因房间堆放东西多，空间少，来客只能坐在床上，王世襄爷爷休息的床也很名贵，是清代仿明紫檀木制作的，上面围板镶有一种黄色木质的板子，我请教是什么木？王世襄爷爷说：是一种软木，具体是什么木也不清楚。当时正值冬季，王家生着一个铁炉子，周圈有一个自制的架子，上面放着十来个蝈蝈葫芦，里面的蝈蝈欢快地叫着。我问：夏天的蝈蝈能留到现在？王爷爷笑着说："哪能活那么久，都是冬天奋出来的。"那些葫芦全是古玩陈货，一只只皮壳油亮，红苏紫、甘草黄，色泽各异，圈口以象牙口盖居多，也雕奇缕巧，古意盎然。我问："冬天吵不吵？"袁奶奶笑着说："他每天听不见虫儿叫，睡不着觉。"看来在冬天享受夏虫午鸣的音韵也是一大乐事。我又问"这么多家具是怎么淘换来的？"王爷爷告诉我，自五六十年代起，他就骑着他那加重自行车，走街串胡同去收购明式家具了。我问："买的一定都不贵吧？"王爷爷笑着说："有时也被人狼一下。"王家进门处贴着一张毛笔写的纸条，上写着："奉上级指示，不为别人鉴定文物。"王爷爷说：自从他的那本明式家具一书出版之后，找他看东西的人络绎不绝，难于应付，只好写一纸条挡驾了。又对我说："你要是有什么东西我给你看。"但当时我对竹木牙角所知甚少，更无可值一看的收藏。我告诉王爷爷，我写了一本钱币的书，想请您为我写个序，说完递上书稿。王爷爷说："我不懂钱币，所以写不了。"我说："您是一法通，万法通，随便写两笔得了。"王爷爷一向在学问上极其严谨，一直本着"知知为知知，不知为不知，是知也"的原则，不肯轻易在不熟悉的学域下笔。他对我说："要不请历史博物馆的某人写。"我那时二十多岁，血气方刚，自视极高，不知天高地厚。觉得请某人写序，未必尽美。袁奶奶见我不乐意，轻声劝道："别着急，咱们好好想想，谁写合适"，后来还是王爷爷想到一个人，是旅美学者王毓铨。他是中国钱币界顶尖的老前辈人物。发表过多篇中英文的学术论文及专著。曾在美国大博物馆担任过东方部主任。我一听非常高兴，没想到王毓铨老先生还健在。王爷爷几天后骑着自行车去崇文门王毓铨先生的住所为我先容，我随后到王毓铨老先生的家中，由于王爷爷的好言铺垫，我终于拿到了王毓铨先生给我写的序言。

1990年我赴美求学，一连十余年未曾拜访王世襄老爷爷。得知王爷爷将他所藏明式家具悉数捐与上海博物院，自己也已经从芳嘉园搬走，但不知新地址在什么地方。如今得了这一套鸽哨，又想请王世襄爷爷鉴定一番。这事我告诉了外公，外公也想拜访多年不见的老同学。

史志广先生请张德祥先生（木器研究收藏名家）代为预约，就陪我

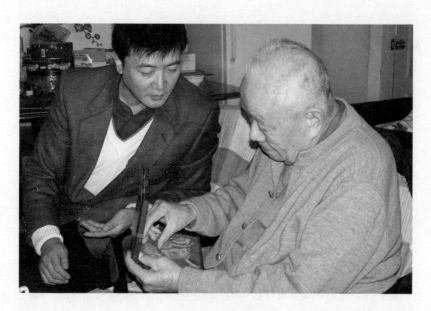

和外公去拜访王世襄爷爷。此时袁奶奶已仙逝，王爷爷和子孙同住于东城一所单元楼房中。

王爷爷与外公见面互称老学长，谈论当年旧事，近况何如。王世襄爷爷时年已九十有一，但精神很好，思维敏捷，同过去并无二样。他与史志广先生近20年未见，但仍记得他。对史先生说："你有一张大床，还捐了平复帖的盒子给故宫博物院。"并说："最近得了一个荷兰亲王文化将，已把资金全捐给希望小学，并不留名。"后对我说："听说你弄了套鸽哨？"我连忙打开两大锦盒，因为哨子太多，不能尽带，所以成对的只拿一只，还不能遍携异种。

王世襄爷爷拿起一只37眼的哨子翻过底部，看着上面有一个红底镂花图记和一个祥字，告诉我："是真的祥字型大小。它的记号就是上面的镂空红底花和祥字。制造者叫周春泉，我认识他，曾请他定制过鸽哨。这套哨子是清末到民国的制品。"他又拿起一只41眼的来说，鸽哨拴上鸽尾后，鸽哨自身的重量不是很主要的，飞起来吸眼内灌上空气，阻力就大了，眼越多阻力越大，眼太多了，没好的有力鸽子带不起来，勉强起来了，眼内也响不了。我曾定做最多眼只做到40眼的。听说鸽哨里曾有50多眼的，史志广先生插话："老爷子，这套就是50多眼的。"王爷爷又拿起一个永字白脑袋的（指用的白色象牙口眼），教给我这个永字怎么看，永字有老永、小永之分，是父子两代制作大师的手笔。他还拿出他出版的著作《北京鸽哨》一书，翻到"永"字哨，为我详加讲解，并将这本书送给我，且签名留念。我请他老人家题上款为"仰东世孙留念"，他笑笑说：我就不必把辈分写上去了，遂签为"仰东同好存念"。老先生这种爱护后辈，提遂后进的风格，与当年故宫博物院马衡院长对王世襄爷爷的眷爱、激励如出一辙。

我问王爷爷当年订制一只鸽哨要花多少钱，王爷爷想了一下说，找周春泉作一只普通7眼哨子（俗称七星伴月）要大洋三几块，如果眼多还要多加。

王世襄爷爷劝我养放鸽子，因为现在玩信鸽的人还有，玩北京观赏鸽的越来越少，很多著名的北京鸽名种已经绝迹或正在绝迹。王爷爷曾在各种场合呼吁，抢救北京观赏鸽，并写信给北京奥组委，认为以往庆典所放飞的和平鸽，居然是食用大肉鸽。王爷爷呼吁摒弃食用鸽，而用色秀体美的观赏鸽。我觉得王世襄爷爷说得十分有道理，因为在庆典上用食用鸽，就像铁匠跳芭蕾舞一样，与气氛显得格格不入。

最后，我请王世襄爷爷为我这套鸽哨题字，王爷爷欣然命笔，墨笔书写"和平之音"。王爷爷的一笔欧体书法非常名贵，字体有骨有肉，功力不在启功大师之下。为了不过分打搅王爷爷，外公携我道谢告辞。

此后不久，我居然在琉璃厂又买到一根指挥鸽群的杆子：竹制，通体火绘戏出人物，上下端包铜，佩一条宝蓝及正黄色的大绦子。我买到后，不知作何而用，最后有人告诉我是赶鸽子的。还有一次，一个朋友问我，有一个鸽子弩要不要，索价万元。我不懂何为鸽弩，答曰：养鸽人家必备的利器，同为玩鸽同道，他们之间关系却善恶各异。最亲密的称为"过活的"。如果

自己的鸽群走盘，将别人家的体弱或未训练好的鸽子裹挟回来，而那家鸽主人和自己平常过得好，获鸽后，会将鸽子送还人家。第二类叫"不过的"，鸽子盘卷回别人家的鸽子，与鸽主不认识，裹来的就是拣来的，遂将新鸽子训练编入自己的纵队。最差的一类叫"过死的"，两家养鸽者素有仇怨，只要仇家的鸽子一飞到自己的领地，鸽子弩就发挥作用了，这种弩打的是自己烧制的泥丸，中丸者即使不当时殒命，受伤回家也将不治。得知这段掌故，遂放弃收买鸽弩，鸽子本是和平安宁之象征，加了特种兵器，犹如焚琴烹鹤，大煞风景。

　　盘龙拍卖行的关总，曾欲借去整套展览，因搬运不易，怕受损伤未果。我想这套鸽哨的结局，不外是在北京民俗博物馆收藏或北京观赏鸽博物馆收藏。且等机会吧。

　　经吴锦荣师兄介绍，津门一位老板，欲以50万人民币购买此套鸽哨，我想北京鸽哨怯于远行，还是留在北京为好，故婉拒之。

　　记得上高中时，曾读过老舍先生写的未完稿小说《正红旗下》，上面有一个老舍的大姐夫，旗人多甫先生，嗜好养鸽，且系鸽铃（那时鸽哨称为鸽铃），最大的满足就是发现邻家有落单的鸽子，随即放出一盘自己的精兵强将，把独鸽席卷回家，然后任原鸽主上门兴师问罪，甚至弄到动火执仗，大打出手，也在所不惜，可谓舍命不舍鸽。多甫大爷的鸽子都是名种，起码也值一两银子以上，所以他放起一盘佳种观赏鸽，号称是满天飞元宝。我想如果我这套鸽哨找一盘佳鸽尽数带上飞起一定更为可观。一条小黄鱼（小金条）重一小两，时值人民币3000多元，50万元能换150多条小黄鱼，如尽数放鸽带哨的话，那真叫满天飞金条了。往雅一点讲，如果一群名种北京鸽身负名种鸽哨，飞翔在天，升高旋低，不亚于一只交响乐队在天空中齐奏，可谓"此曲只应天上有"了。

第三十五章

清代虬角素面鼻烟壶暨后仿制古月轩西洋人鼻烟壶

（清代鼻烟及鼻烟壶小记之一）

1999 年，到东北沈阳公干，经朋友介绍在一户收藏鼻烟壶的老古玩行手中，买到了这两只鼻烟壶。回到北京请几位朋友看过，都认为其中一只虬角的是真品，而且是京作；另一只瓷胎珐琅彩西洋人图案，下面壶底有乾隆年制四字料款，虽然制作非常精美，却是后仿制的东西。

虬角，实际就是海象牙。海象牙的表层和象牙很相像，但中心纹理则大不一样，有点像古生物缧类化石断面，古玩行人称中间有"脑"。牙雕匠人一般都避开有脑部分，而只用外表层角质。还有一种染色的方

仿制古月轩西洋
人鼻烟壶
高 45mm
宽 34mm
厚 20mm

法，将虬角与一种含铜的绿染料同煮，然后在太阳下暴晒，九煮九晒，将绿色牢牢染进虬角表面，这种深绿色永远不掉色。当然也不可能完全染透，所以要做出成件物品再染色。有脑的地方染绿色后，隐秀藏涛，还颇有些天然佳品绿松石的感觉。这种染色方法今天已经失传。虬角角质比象牙脆，不太易奏刀，不容易制出很精细的作品。这只京作鼻烟壶就制成素面，因为虬角易着色，所以鼻烟壶上许多地方被岁月沁成褐色条纹。这只因只取牙尖皮质部分，为了让它包浆美观未加染色。虽然从东北买回，但并非蒙古造，而是京造。

那只后仿造的珐琅彩鼻烟壶虽然绘图精致，颜色鲜艳，写款也很工整，但它描金部分用的是日本金粉，壶盖露胎处也显得并非官造。

清末苏松太兵备道（俗称上海道，即现在上海市长）袁海观是收藏鼻烟壶的大家，他认为在所有鼻烟壶中古月轩烟壶是最上品。现在各家各派对古月轩的说法不一，有人认为是清三代（康熙、雍正、乾隆）的珐琅彩和粉彩瓷器的全称；也有人认为是乾隆的一个堂名，代表乾隆珐琅彩瓷器。还有人认为世界就不存在古月轩这种东西。究竟真实的古月轩是什么，到现在还是个谜。因为存在两个事实：第一，故宫有九千九百九十九间半的房屋，查阅内务府营造司的旧档，在明清两代，并没有任何一间题名古月轩的，并且三海（即北海、中海和南海）、圆明园，甚至晚清的颐和园也没有古月轩这一堂号；第二，所有带御制款和官窑款并已认定是御造或官造的瓷器、珐琅器，还没有发现一件是带古月轩款的，几乎所有带古月轩款的物件都是晚清制作的仿制品。那么人口相传绝佳隽品古月轩是怎么一回事呢？

笔者考证认为，古月轩确实存在，不然不会在两百多年间这个名字一直在皇宫内外、京都、外省流传，被从官绅士子到贩夫走卒不断提及。古月轩既是堂名，也代表产地名。它正规的名字应该叫"大清内务府广储司造办处珐琅作"。清代的康熙、雍正和乾隆三朝对珐琅烧制非常重视，特别是在乾隆朝将造办处很多的器作移至养心殿各院落。而有关烧制珐琅的旨谕数不胜数。烧制珐琅所用的除金质、银质、铜质的物件外，下旨于磁州博山一带挖掘一种矽砂，这种砂料烧制出来介乎玻璃和瓷器之间。精选后的矽砂送交造办处珐琅作，在特建的瓷窑内焙烧，所用的

珐琅彩料是用真宝石研粉配制。至于画工自然是请大内如意馆的高手供奉画家画出样子。这样烧出的料质珐琅器基本上光明如镜看不到沙眼。由于珐琅作要起烧窑，面积要大，通风要求也高，所以占的房间较大，不能称堂、阁，只能称轩了。又因"大清内务府广储司造办处珐琅作"这一名称太长，工匠、苏拉、太监们就随便给做活处起个名字，这几朝珐琅作的领班（工头）姓胡，子承父业，几代掌握珐琅烧制的奥秘。于是工匠、苏拉、太监们就将胡字分为两半，称珐琅作为古月轩。由于制作称了皇上旨意，以胡氏为首的工匠们多次蒙恩赏。珐琅作的名气也越来越大，"古月轩"的名字通过内务府的司员、堂官就逐渐传到宫外去了。因珐琅器是皇家御用，外臣轻易得不到赏赐，只有年羹尧得到雍正赏赐的珐琅物件，自称是异数。直到清中期，大家只能听听古月轩的名字，烧制的东西却不得见。

因古月轩是俗名，烧制时自然不能将古月轩三字烧上御用器物，胡氏有天大的胆子也不敢在做好的珐琅器上落上自己的姓氏。烧好的珐琅大多数落的是"乾隆年制"、"大清乾隆年制"、"乾隆御制"蓝字料款。开始只是乾隆一朝珐琅器称古月轩，后因清三代的珐琅制作都很精美，故上延两朝，康熙、雍正、乾隆三朝的珐琅器都称作古月轩。由于古月

轩在民间的名声太大，自嘉庆之后就取消珐琅作。歇业下来的古月轩的工匠就私制一些小件珐琅器去换外快。但所用原料只能用废料或下脚料，而画工没有如意馆的底稿，只能照过去的样子照猫画虎。落款自然不敢用蓝料官款，只能用红字落"古月轩"三字，款因不是专门写款的人写的，工匠所书的红字古月轩，字斜笔软。这些小件珐琅器烧好后，卖给宫外富贵士绅、大小古玩店铺。中国人手巧心细，第一批古月轩一面世，仿造的马上出炉，仿造者不知真古月轩反而不带古月轩字样，认为这种来自大内红字款就是真正古月轩。因此仿制品一水的红字款，而且全是歪七扭八的。现在存世的有古月轩字样的瓷件绝大部分是清末民国仿制的，极少部分是造办处工匠私造的。

醇王府有一只红字款古月轩的料胎鼻烟壶，是古月轩工匠卖给内务府官员，后者又孝顺七王爷的。醇王静极思动，让张楼村领府中银两在琉璃厂开了个赏奇斋，将这只古月轩红字款烟壶及许多上赏的官御器物都拿到自己的古玩店里。

第二任赏奇斋的经理是程启元，他喜欢京戏，与老生名角余叔岩是好友，不时学上几句。余叔岩也偶尔到赏奇斋坐坐。梨园行的人大都嗜鼻烟。余叔岩有一次到赏奇斋，正赶上店里翻库底，余叔岩一眼看到了这只百子图珐琅彩古月轩红字款鼻烟壶，余叔岩和当时众人一样，认为有款的是真的，逼着程启元让给他。程启元店中有的是官款古月轩，有的还是外国进贡的金胎、银胎珐琅器，并不把这只壶放在眼里，跟余叔岩要了60块银元的底价，就将壶让给了他。

余叔岩得壶后，非常喜爱，不时夸耀于同行，不多时梨园行就都知道余某寻着宝了。那时候，余叔岩倒嗓子，改习老生戏，想拜谭鑫培为师，但谭叫天就是不收，余叔岩上戏馆去搂叶子偷学，老谭只要一看小余在场，立刻懈着唱，身段唱腔大打折扣，让余叔岩偷不着，学不了。最后还是那桐那中堂出面让余叔岩拜的老谭。那桐面子很大，谭叫天出道进宫供奉西太后，多亏那桐提调维护，老谭碍于那桐面子收下了余叔岩。

这天余叔岩到谭鑫培家，老谭有大烟瘾，正在罗汉床上吸鸦片。余叔岩半靠在另一边给师傅打烟泡。老谭是烟嗓，抽大烟时琢磨戏腔，以至于以后大部分唱须生的演员都抽阿芙蓉。余叔岩连打了几个"高、松、黄"的烟泡，看老谭的瘾过了八九成，想顺便讨教点玩意儿。对老谭诉苦："我每次演黄忠，唱《定军山》，下场时要耍个大刀花，但总是耍不利落，不是刀尾钻进了护背旗，就是把护背旗打得卷在旗杆上，每次下场亮相都不干净明快。师傅您说这是怎么一回事？"谭鑫培吸了一口烟，憋了大半分钟，才慢慢吐出，像是没听到的一般，小余等了一会，又问了一遍，老谭回手开始清烟枪斗门，还是不搭腔，小余就不敢再问了。老谭清完斗门，顾左右言他道："小余呀，听说你最近彩头不错呀。"

余叔岩忙问："师傅指的是什么？"老谭说："你最近得了点好鼻烟吧？还弄了只好烟壶吧？"余叔岩立刻转过筋来，知道师傅的意思，忙说："前几天白文奎的女婿从西洋坐轮船回来，带给我了一罐鼻烟，是荔枝味的。一个礼拜前赏奇斋的程老板让给我一只古月轩百子图的料壶，我正说拿给师傅赏鉴赏鉴，谁知一出门慌慌张张地就忘了。"说完马上让跟包的回家将百子图古月轩款烟壶装上满满一壶荔枝味鼻烟拿回谭家。老谭拿着古月轩玩了半天不忍释手。说是古月轩真品无疑，尝着闻了点荔枝味的鼻烟，认为澹发芬馨，淡香返停。说是这个味从来没闻过。小余当然连壶带烟一起孝敬了师傅。又闲扯了几句，老谭旧话重提，问小余，刚才你说《定军山》什么的？小余连忙第三遍将问题求教了一遍。老谭从烟盘中拿起烟签子，把烟签当大刀头比画说："你耍刀花时，两眼全盯着刀头转，自然脑袋也跟着动，不是跟着刀尾转就把护背旗让开了。"只这一句，让余叔岩如梦方醒，一个动作让余叔岩花了不少银子。这件事是余叔岩当年亲口告诉张伯驹，张伯驹告诉唐鲁孙，唐先生写在他的笔记中的，应该属实。余叔岩后来给徒弟说戏也不痛快，除了孟小冬是奇异缘分，余叔岩尽心传授外，他给别的徒弟教导也都留两手，因为他的玩意儿是用大把银子和心爱之物换来的。

　　我这只西洋人珐琅彩鼻烟壶，虽然是蓝字料款，画工也精细，仍是仿造品。当年上海市商会会长王晓籁花了两条小黄鱼（二两黄金）购入的一只古月轩鼻烟壶，专家鉴定也是清末红字民间仿品。比起来，我这只壶费资有限，所以也不戚然。

第三十六章

金元白玉海东青捕天鹅春水带饰

2005年秋季，北京古玩城召开全国文物展销会，各省市文物局都到北京设立展位，全国各地一些从事古玩交易的商家也在会场内外的临时摊位上做交易。

在开展的前两天，我就到了会场，巡看了一下，收获极微，除了弄到两件民俗木雕外，玉器、铜器一无所获，见到其他行内朋友，他们也基本上没什么所得。不禁想起五六年前的南方古玩交流会的情况，那时一伙人去会场，半天下来，人人有收获。曾有一个朋友让我帮他看一尊四川文物局拿来的明代带年号官造鎏金佛，要价10万元，我觉得当时

金元白玉海东
青捕天鹅春水
带饰
长 87mm
宽 66mm
高 19mm

价格应在 80 万元左右, 劝他买下, 现在这件金铜佛价值应超过 200 万了。比起几年前, 好古玩越来越少, 次古玩越来越贵, 假古玩越来越多。

　　第三天下午, 行内朋友马先生打电话给我, 说广东深圳卓玉馆的人就住在古玩城的酒店里, 卓少东是经营玉器的大家, 收藏及交易都很大宗, 我也曾从他们那里买过几件佳品。

　　我们到了他们下榻的酒店, 看了他们带来的几十件东西, 以白玉小挂件为主, 有一些手把件与摆件。我看这次带的东西没有上几次的好。有一个大璧, 个头可以, 但玉质不好。只能说是差强人意, 一问价钱,

是心理最高防守价位（最高买入价）的两倍，所以没有还价。于是，就和马先生走出古玩城。

到了院子里，满是摆临时摊的各路古玩人物。我问马先生，这两天你见到什么看得上眼的东西吗？他说前面摊里有个跑东北的人，带来了一个玉带铐，是春水题材的，只是要价太高，要6万元。我问："春水玉是天鹅入芦，不知有没有海东青在？"他说："玉是两侧穿孔，没注意有没有海东青。"我说咱们去撵一眼，万一有海东青，我就有兴趣，因为两侧穿孔的玉带铐饰都是较早的。

几步就走到那个摊位前，一个中等个头的河南人拿出了一块玉带饰，开开盒子一看，嘿，一眼开门的真品。

白玉种偏点青，褐黄的土沁。雕工是三层透雕，天鹅造型准确，在芦丛中穿枝过叶的躲闪。可是海东青在哪呢，我不禁问出了声，马先生在旁边，从那个角度看得清楚，用手轻轻一指，这下我也发现了，一只小海东青飞于天鹅上方，身子一部分藏于枝叶，头部藏于自己飞翼之内，做俯冲状。我和马先生交换一下眼色，马先生立即问卖主，"你上回胡要价，肯定没人买，这回交易会快结束了，你如果不想带回去，说一个实实在在的价钱"。那个人说："实话实说，最少3万块，再少就不行了。"马先生说我们商量商量给你回话。我们走出十几步，我对马先生说："我能要。"话音还没落，另一个人走过来，对我们说："东西是我们老乡的，你们真心想买的话，给个价钱，我给你说说。"我们商量了一下，给了两万块。那人回去，过了一会儿又回来说："可以少3000，27000，再少就不行了。"我说："这样好了，25000块，成就成，不成我们就回去了。"说完我们向外又走了十几米，过了两分钟，那个卖主自己拿着盒子过来了。我当时身上没带这么多现金，是向马先生借钱付的账。

回家镜下细看，越看越爱。这块玉饰两旁各有一个长方形的打孔，便于腰带贯入，使玉带饰牢牢

扣在皮带上。芦荡里的芦花等各种植乔作物，还有下面的水波都刻画得朴实逼真。这枚带饰可与故宫收藏的那几块春水玉比美。"春水"和"秋山"是指辽以后北方游牧民族的贵族狩猎活动。春天猎天鹅、芦雁等水上生活的动物，故名"春水"，秋天猎鹿、熊等大型森林动物，故名"秋

山"。春水狩猎的主角不是骑士，而是一种猎鹰——海东青。海东青又名隼，身子很小，但凶猛异常，原产地是中国西北，西夏人首次驯养成功，属于西夏的两大国宝之一（另一国宝是铁器冶金）。西夏给北宋的贡品最好的东西就是海东青，对辽、金、元的出口珍品也首选海东青。

海东青在"春水"狩猎中，进攻比自己体重大几十倍的芦燕和天鹅，它跃到天鹅等的上空俯冲，用自己坚硬的嘴啄咬天鹅的头部，或取天鹅的眼珠，然后骑士才下马拖过昏迷的天鹅，用一种特制的铁锥放血，使猎物不会很快腐烂，最后驮上马背，凯旋而归。元代蒙古人灭绝了西夏人后，海东青的驯养方法就逐渐失传了。明朝统一西北后更没什么人去养海东青了，最后两只人工驯养的海东青是清太祖努尔哈赤所有。他爱如至宝，每次他持阿虎枪（一种带钩的长枪）在马上冲杀，头顶上空就飞着他的两只海东青护卫。当努尔哈赤与敌人交手时，海东青则从空中俯冲下来啄咬敌人的双眼。在敉平海西四部（包括慈禧太后的老家叶赫）的征战中，两只海东青立下许多汗马功劳，但等皇太极接汗位称帝

之前，两只海东青就已经死掉。以后就没有人能留养这种小猎鹰了。

　　过了一年，在某一地方，又见到那个河南卖主，他说："那枚春水玉，你要不想留，给你加1000块，还给我吧。"我笑笑不答。这一年玉价暴涨，这块玉时价已经翻了一倍多。

第三十七章
明代官制象牙腰牌

　　2006 年 6 月，我正在北京进行中信生物公司的股权置换。一个朋友李小震打电话给我，说他的一个哥们有一块老象牙牌子，问我有无兴趣。小震是专攻瓷器的，虽然从业时间不很长，但青出于蓝，对鉴定经销古瓷已称行家里手。曾制造了一个北京古玩行的神话，低价在报国寺寻到一只永乐官窑执壶，拍卖卖出 170 多万。他虽不搞竹木牙角、玉器杂项，但对高精的东西有自己的眼光，所谓一法通万法通。因此他给我的资讯当然要重视。我立刻乘计程车赶到报国寺，小震递给我一块象牙牌，它有手掌大小，上圆下方的长方形，包浆、沁色及上面的同心圆笑

纹（象牙上的裂纹古玩行称作笑纹）都很开门，前后面及侧面都有文字。

我拿起腰牌来看，圆首处刻着卷云纹中间开大孔以便系挂，云纹做工粗放简洁。云纹下正文一面刻：朝参官悬带此牌，无牌者依律论罪，借者及供者罪同。另有大字：出京不用。另一面刻：南城兵马司副指挥，侧面是肆拾号，文字五百肆拾号。

我见雕工不甚工整，字迹匠气较重，字口包浆不甚清楚，就武断地认为字是新刻的，属于老牙新工。小震说：我不懂象牙，但这件东西刚从拆迁户里出来，要不你再看看。我收回递出去的牙牌，在灯光下又看

了看，这次看得细些，旧雕的痕迹慢慢出来，但文字之拙劣还是让我心存疑虑，我再次递回牙牌说：我还是说服不了自己，证明这东西没动过手。小震告诉我，给我牙牌的这个哥们给我送过不少次货，至今还从来没给我送过假货，我又不两边吃喜（收佣金），你爱要不要。我只是觉得这是件好东西，不愿落到外人手里罢了，说完就要包起收好。

我买古玩只看东西，不听故事，但今天我却觉得还是要搞明白好，我向小震要求，借我好好看一天，再找几个朋友会会诊，小震马上答应了。

我回家拿着10倍放大镜，走上阳台，在阳光下仔细察看，象牙牌无疑是古老的，各切面的包浆都统一，并非是笏版之类的残件以大改小制作的。我对每个字口都用镜子扫了一遍，字口外并没有新刻迹象，如果是老牙新工势必造成字口外沿原包浆的破坏。再看字口内部，虽然字口内风化程度比牙牌表面轻柔得多，但仍能看出有少许风化痕迹，特别是有些字内还存着一些白色块状沉淀物（如果是粉状就有后人伪造添加的嫌疑了）。我又找出我自己收藏明代玉雕上的文字对应，其简拙意味很是相似。找了找前几年嘉德瓷杂大拍目录，有几块明代象牙腰牌，字迹都很匠拙。此时我已基本认定此牌是真品。

正巧我的一个朋友高先生找我，我给他看了这块牌子，他翻来覆去看了几遍，认为是伪品。他看铸铜器及刻铜品眼光不错。我问他，哪里不对？他也说不出所以然，只是感觉不好。我此时已断定该品没动过手，高先生即使这样说，也左右不了我，但出于谨慎，还是又去找了四个古玩圈里眼光较好的一起会诊。他们其中一位是经营象牙制品的（当然有政府牌照），一位是搞竹木牙角雕刻的，另两人是经营古玩杂件眼光不错的。销售象牙的朋友说：牙件绝对是老的，不是后烤皮的。搞竹牙的朋友说，刻工是老的，不是新的。另两个朋友告诉我，东西开门（指是开门见山的真货）。北京这几年曾出过两块相似的牙牌，一块在报国寺出来后，千把块就当石质卖了，上面的官名是锦衣卫千户。另一块是山西人带来的，比这块稍小，也是兵马司指挥，在北京问了一圈价，没有卖，回山西卖了28000元人民币。

我心里更有底了，找到小震托他去谈价钱。小震拨通了手机，让我们自己谈。卖主开价30000元，我说东西不错，但是全品相的这种牙牌可售20000元，这块有笑值（古玩界对古玩上的微小裂纹都有术语专指。玉器上的称为"绺"，瓷器上的称为"冲"，象上的称为"笑"，漆器上的称为"断"。）10000多点，我可以给15000元。卖主说这牌子属于两个人的，他要商量一下。一会工夫，他回答20000元可成交。我说："的确，15000元你们两人不好分，我给你们每人8000，一共16000元吧。"他又放下电话商量了一会说，少18000不卖。这时小震接过电话说："得了，16000卖了吧，别太黑了，不然把人吓跑了，还有下次呢。"对方倒很买小震的账，同意16000成交。小震确实两边都没要佣金，纯属两头帮忙，只好情谊后补了。

这块象牙腰牌就属明代制品，作为出入皇城的凭证。持此牌者，是南城兵马司副指挥。按今天的职务全称是北京市公安局宣武分局副局长。属于常设治安部门长官，并担负有保卫皇城的重责，北京自永乐皇帝朱棣从镇守北方的燕王，而叔夺侄位，赶走了建文帝，自己做了皇帝，因南京人地两生，反对力量未完全消除，所以将京城又建于北京，形成两京并存的局面，并有两套六部机构（指吏、兵、户、工、刑、礼六部）分驻北京和南京，北京成为国家权力中心枢纽。永乐重建皇城，保留了兵马司保卫制度，又建立锦衣卫皇家御用武装势力。佩此牙牌者只限于证明有内廷保护任务，而出京不用是怕佩者出京借此牌招摇撞骗。

这块象牙牌号码为文字伍佰肆拾号，如按天地玄黄

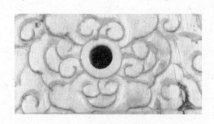

依次排列，这样的牙牌在当时还是大量制造的。所以工匠做工粗便简洁，不求书法和文字构造。看惯了清代牙玉斋戒牌上精细造办处做工的玩家们，对这种粗大明书法还是有点不适应。

　　古玩玩到一定地步，都炼成了八成眼。所谓八成眼，是根据自己的知识经验在买货过程中，用眼一瞄，立刻判定东西真伪好坏。如经验丰富者，一眼看去就有80%把握，对抢买货物非常实用。我一看再看都有失误，险些与此牌失之交臂，可说是学无止境，八成眼还需要炼。

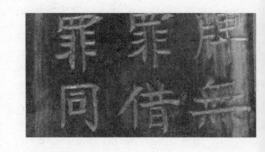

第三十八章
清代米芾拜石翠玉鼻烟壶

（清代鼻烟及鼻烟壶小记之二）

　　2005 年秋季，回北京参加董事会议，有一个多月的逗留，自然要到各个古玩市场去转上一转。在古玩场对面开了一座书画城，一些海外人士和本地市贾聚会于此。我巧遇一位天津朋友王有增先生，我曾到天津他的家中拜访，他的太太褚新贵女士是天津卫地区有名的葫芦压花大师。我也购买过一些她的作品，因而和他先生成了朋友。王有增先生具有天津人的典型特点，仗义而善言。他告诉我，他现在替一个台湾古玩商帮忙。我请他带我去看看他们店中的东西，王先生欣然领路。

　　经介绍，我见到了台商陈先生，店里主要是文房四宝及各类文玩，

古玩杂项也不少。我先看了两只犀角杯，都是开门见山的清代作品，只是价格太高且没什么很出奇的地方，我便都放弃了。陈先生又拿出几件刚从台湾带回还没有上柜台的古玩。我看中一只翠玉鼻烟壶，是个方形壶，一面有文，一面雕画。玉石底子，行里管翡翠的质地叫底子，最好的叫玻璃地，也叫冰种，其次的是玉底子，再其次是瓷底子，最差的是石底子。上有黄色的叫黄翡，红色的叫红翡，紫色的叫紫罗兰，而最重要的能决定价位的是绿色，最好的绿色叫黄杨绿，是绿里带黄的，像春天杨树叶子新芽的颜色，其次有鹦哥绿色，子母绿色，菠菜绿色，油黑

绿色，油青绿色。最次的是大白瓜（无绿色）。这一只鼻烟壶是白里青（指白底绿色），基底绿色是菠菜高绿，上面有几块油黑绿斑。所谓油黑是绿色太浓挤在一起，显得不绿反黑。工匠利用这几块黑雕出了米芾拜石的图案，另一面除图案外还有刻出的辛亥仲秋字样。风格是典型的清中期的隽品。我问陈先生：这只鼻烟壶是否可以割爱。陈先生要价60000元人民币，我认为价格还是超出心理底价，所以笑而未答。陈先生说可以少一些，你不妨还一下价。我答：我可以给4000美元。陈先生沉吟片刻，慨然说：周先生是第一次来捧场做生意，亏与赚就不去计较了。成交后，陈先生递给我一张名片，上面印有陈先生大名陈东资。我忽然想起五年前，我和几个行里朋友去上海，曾到过陈先生的古玩店中浏览，并与陈先生有过交谈。陈先生是台北寒舍出身，后到上海自己开古玩店，店面很大，在寸土寸金的上海是很难得的。

这只巧雕翡翠鼻烟壶，因是玉底翠料，比较贵重，腔膛掏的不大不小，并非做成大腔水上漂的造型。方型，铜鎏金镶红珊瑚的壶盖，虎骨的烟匙，显然是标准的京作。背后之辛亥年，应该指清高宗弘历乾隆五十六年，即公元1791年，属于18世纪末。或许有人会问，为什么不是上60年，也不是下几个60年的辛亥。我个人认为，前60年辛亥年是雍

正九年，此时翡翠玉还没有广泛用于中国上层；另外雍正九年时鼻烟壶也极其稀少，闻鼻烟的人只是宫廷中能够接触到西洋各国进奉鼻烟的皇亲与高官。这只鼻烟壶是雍正期间的可能性不大。

而在1791年之后60年，即1851年辛亥是清咸丰元年。这是个动乱之时，鸦片战争的硝烟还没散尽，两广又闹起了洪杨运动（指洪秀全、杨秀清领导的太平天国起义）。南方官绅百姓忙着逃难，京城也几次闹钱荒，没人有心思玩鼻烟壶。再后一个60年辛亥，就是孙中山领导辛亥革命那一年，也是清政府存在的最后一年，宣统三年，这年在全国各地闹革命党，闹争铁路，闹各省独立。10月10日武昌起义成功，最后隆裕皇后不得不签署退位诏书。京城的官员、贵族们正经历改朝换代，失掉了俸禄，没人能有闲工夫定制

鼻烟壶了。所以说咸丰初年与宣统三年京中制作此烟壶的可能性很小。退一步说，像这种战乱之年，就是做烟壶，也要做那种四季平安，遇凶化吉，多福多寿……等图案的烟壶，不会有闲情逸致欣赏米芾拜石这种文人味道十足的烟壶，因此乾隆辛亥年的可能性最大。

烟草是哥伦布发现新大陆后，将印第安人吸食的烟草带回欧洲。欧洲各国开始出现吸烟斗的烟民，其中意大利人意外发现，烟草腐烂发酵后，吸进鼻内有提神醒脑之功效，于是鼻烟在欧洲上流社会流传起来。

据说明代永乐年间，是由三宝太监郑和下西洋时将鼻烟带回中国。也有人说大明万历九年天主教传教士利玛窦首到中国广东传福音时带来。赵之谦在《勇芦闲话》中写到："雍正三年，伯纳弟多贡献方物，始有各色玻璃鼻烟壶，咖什伦鼻烟罐、各宝鼻烟壶、素鼻烟壶、玛瑙鼻烟壶，以及鼻烟，有六十种之多，雍正六年西洋博尔都噶尔（西班牙人）国王若望，遣使麦德采，贡方物四十一种，有鼻烟。乾隆十七年国王若瑟复贡方物二十八种，有赤金鼻烟盒，咖什伦鼻烟盒，螺钿鼻烟盒，玛瑙鼻烟盒，绿松石鼻烟盒，以及鼻烟。"到了乾隆年间，中国自己不但能够制造鼻烟，也能制作各种鼻烟壶了。清中期制作的烟壶名堂极多，有各色玻璃、套料，有水晶、白玉、墨玉、黄玉、象牙、虬角、玛瑙、珍珠母、翡翠、祖母绿、红蓝宝石、珊瑚、螺钿、各类瓷品、各类石料、珐琅、竹木……应有尽有，士大夫阶层人手一只，都在闻鼻烟。这时鼻烟在中国的风行远超欧亚其他国家。

鼻烟的闻法，笔者曾请教过几位古玩行老人，但都不得要领。记得1982年在官园花鸟鱼市上，有一"五保户"老人卖古玩钱币杂项，我曾在他那里买过一些东西，他外号叫"爱要不要"。因为他吆喝买卖，就四个字，"爱要不要"。老人嗜鼻烟，但应该说方法不对，鼻头经常黄灿灿的，不太干净的样子。后来我在医学院上人体解剖课，带我组实习的张恩谭先生告诉我，手上肌肉有一个地方叫鼻烟窝，当要吸鼻烟时，左手握住鼻烟壶，四指握底部和壶体，拇指扣住鼻颈口，因拇指下扣，拇指背面与手腕连接处形成一个小窝，此处称鼻烟窝。当左手持烟壶，鼻烟窝形成后，右手取烟匙，挖出所需量的鼻烟，放置在鼻烟窝上，然后将烟勺连壶盖盖回鼻烟壶，腾出食指，蘸上鼻烟窝的鼻烟，依次送到鼻孔前，用力吸进，每次用食指只对一个鼻孔，以保持卫生。然后拍拍手，掸掉剩下的鼻烟，这才算完成一次吸鼻烟的过程。有些人未入士绅，舍不得留在鼻烟窝上的残余鼻烟，于是将手举到脸前，鼻烟窝送到鼻孔前，用力嗅，这样倒是不浪费，但吸鼻烟者顿时成了猫脸了。

过去北京专营鼻烟的地方不多，20世纪20年代，只有三家，隆福寺的兰蕙轩，后门鼓楼大街的宝蕴阁，前门外大栅栏的天蕙斋，到了30年代就只剩天蕙斋一家了，直到今天还开在大栅栏。笔者曾去看过，但品种很少，只有一两种用桂花薰的灰烟。笔者用一个玛瑙壶装上一壶放在车上，有时我在美国开车，路途较远时，困得睁不开眼，闻上一鼻子，打上几个喷嚏，倒是醒脑明目，困意全无。

后　记

　　青少年时，我认为人是为争取生存自由度而活着。所谓自由度，就是人可以选择的次数。当一个人患病躺在床上，他行动自由度就是1，因为他别无选择。又如一个人被关在监狱的小号里，小号的空间只有一个多立方米，他站不起来，躺不下去，只能蹲着、跪着和坐着，他的行动自由度就是3。当然，人居住和活动的空间越大，行动自由度就越大。同时如食物的选择、语言的选择、职业的选择也有相应的自由度。

　　我希望做自由职业者，所以在学习医学的同时，开始古玩的收集和学习。因为古玩的资讯可上至几千年，通过研究古物，试图和各历史阶段的古人弥合，了解他们那时的风俗、习惯、文化、伦理、宗教……等等。在现实生活中我力争广学众长，喜欢与不同年龄段的人交谈。归总一句话，希望这一辈子当几辈子活。

可是当我所得到的古物越多，收集的知识越多，到过的区域和国家越多，才越发现自己知道的太少，自己实在是太渺小了。作为个人在地球上是微不足道的，而地球在太阳系不过一粒微尘，太阳系在银河系连尘埃都算不上。宏观看是这样，从微观的角度看呢，说不定在你身上哪个原子之中的质子里，包容了几千亿个微观银河系呢！由此可知人对自己和自己所处环境的认识近乎于零。对自己的祖先又知道多少呢？人类从旧石器时代到新石器时代竟过渡了几十万年，而区分两时代的标准是：前一时代使用击打制成的粗石器，而后一时代使用的是磨制的细石器，也就是说，人类学习磨石头这一简单工艺，竟花费了几十万年。近一百年科学的发展，电、飞机、电脑、数码、基因工程……看起来已经是登峰造极，但再设想一下过了多少年，再看现在的高科技，也许也如我们今天看原始人磨石头一样啊！所以越想到自己的渺小，越赞叹造物主的大能。

我现在所做的，只是从一个很微小的切面，通过实物，尽量还其本来面目。

这本书篇幅有限，很多东西来不及描写。封面所显示的东西就还没有提及。读者如有兴致，就请等候下一集"古泽再霁"吧。

顺便提一句，扉页上有一幅图片，你能猜一猜那是什么东西吗？

答案也在下一本书里。

此书要感谢我太太 Christina 和女儿 Vicky，感谢家母为我这本书做的文字编审，感谢家父为本书提出了很多中肯的意见，感谢外公为我题写书名并作序，感谢亲宗长辈周艾若先生（周扬长子，鲁迅文学院前任领导）为该书作序。感谢李东清伉俪、王世襄先生、杨京力先生、马明先生、程纪中先生、黄思贤先生、庄德苓先生、吴锦荣先生、吴友谅先生、史致广先生、王玉忠先生、杨彦先生、沈松根先生、李小震先生、汪澄先生、张砚宏先生、常幼伟先生、叶美珠伉俪、宋四成先生、葛宝华先生、赵德胜先生、张国俊先生、杨清先生、钱卓先生、高玉明先生、谭勇先生、廖国能先生、张德祥伉俪、刘玉章先生、陈连升先生、刘中心先生、赵隆业先生、孟庆元先生、王有增先生、陈东资先生、王兴成先生、邱高奎先生、王朋模先生、曲敏女士、王可香女士、刘庆山先生、于春兰女士、王思海先生、周建设先生、李立明先生、焦俊广先生、赵北海先生、盖明先生、Nancy 女士、张甦先生、刘百玉先生、张清先生、戴勇先生、柴明远先生、祁亚明先生、齐继星先生、穆崇久先生、邱宁先生、刘勇先生、刘连弟先生、罗双庆先生、罗茂生先生、王幼国先生、王幼强先生、高贵才先生、凌海涛先生、张卫强先生、宁建忠先生、李德正先生、苏德正先生、焦俊广先生、王维民先生、张德月先生、陈士龙先生、扎西先生、高非先生、韩维维先生、王德才先生、刘振江先生、陈树新先生、薛路先生、赵书军先生、张维书先生、黄维春先生、申力先生、徐肇庆先生、乔梓先生、田溯宁先生、王文斌先生、杨广霖先生、殷立怀先生、姚华先生、张宗和先生、汤维强先生、张京先生……等等，对本书的支持和帮助。

感谢北大出版社的高秀芹老师及苑海波编辑的指导与帮助，感谢薛磊先生的专业摄影及制作。

2007 年 1 月 9 日

于泛美航空公司 61 航班　38000 米高空